EUDES

DUC D'AQUITAINE

Par M. J.-F. BLADÉ.

Dans les *Annales de la Faculté des Lettres de Bordeaux*, et dans la *Revue de l'Agenais*, j'ai tâché d'étudier, par le menu, l'histoire de la Vasconie cispyrénéenne avant l'époque d'Eudes, duc d'Aquitaine. Ici, je voudrais exposer, avec autant de détails, et suivant la même méthode, les événements accomplis au temps où ce personnage gouverna le sud-ouest de la Gaule franque.

On a débité sur Eudes quantité de fables dont j'espère faire justice. Parlons d'abord de celles qui concernent ses origines.

§ I. *Origines fabuleuses du duc Eudes d'après certains auteurs espagnols, et d'après la fausse Charte d'Alaon.* — Il est amplement prouvé qu'aux seizième et dix-septième siècles, les mémorialistes gagés par les rois de France et d'Espagne, ont très souvent falsifié l'histoire, dans l'intérêt politique de leurs souverains respectifs. Parmi ces faux, les plus importants consistent certainement à représenter Charles-Quint et ses successeurs comme les descendants et les ayants-droit d'Eudes, de Hunald et de Gaifier (Waïfre), ducs d'Aquitaine, sur la plus grande portion du midi de la France. Plusieurs annalistes des seizième et dix-septième siècles font d'Eudes un fils de Lupus, duc d'Aquitaine après Félix. Mais cette portion de leur doctrine n'est appuyée d'aucun texte. Des écrivains espagnols, notamment Garibay[1] et Mariana[2], affirment que le père d'Eudes, Andeca, était un des principaux seigneurs de Cantabrie, qui périt en combattant contre les Sarrasins, avec Roderic, roi des Visigoths. Son fils serait ensuite passé en Septimanie, y aurait rallié les restes des Visigoths, et y aurait épousé la fille et unique héritière du duc d'Aquitaine, réunissant ainsi les deux territoires sous son autorité. D'autre part, de vieux chroniqueurs de la Péninsule, parmi lesquels Isidore de Béja[3], et Roderic de Tolède[4], acceptent, au contraire, Eudes comme un duc franc. Mais, dans la première hypothèse, à qui fera-t-on croire qu'un exilé, dépourvu de partisans, d'armes et de ressources, ait fait fortune chez les Aquitains au point d'épouser la fille de leur duc? Et puis, sur quelle autorité repose le récit de Garibay qui, le premier, parle de ce prétendu mariage, et qui ne nous apprend même pas le nom du beau-père d'Eudes? Ne pressent-on pas déjà un faux de plus préparé par les écrivains aux gages de la maison d'Autriche-Espagne? Pour lever tous les doutes à cet égard, je n'ai qu'à me référer au tableau généalogique dressé par Jean Pistorius, d'après ces assertions diverses, et inséré en 1606 dans la *Hispania illustrata* de Schott[5]. Il est hors de contestation que ce recueil fut édité dans l'intérêt politique des successeurs de Charles-Quint à la couronne d'Espagne. Le tableau dont s'agit est intitulé : *Tabula I integre et perfecte explicata Aragoniæ Regum ex Hieronymo Blanca additis interdum Pampelonensibus et Sobrarbiensibus*. L'auteur, combinant les asssertions fausses et gratuites de Garibay et de Mariana avec les dires non moins mensongers de Blanca et de Briz Martinez, en arrive à dresser une généalogie, dont la partie droite (pour le lecteur) est occcupée par la *Familia comitum*

---

1. Garibay, *Los XL libros del compendio historial de las chronicas*, etc., l. XXXI, c. 2.
2. Mariana, *Hist. de reb. Hispan.*, l. VII, c. 3.
3. *Chron.*, ad ann. 752.
4. *Hist. Arab.*, c. XI.
5. *Hispania illustrata*, III, Tabula I.

veterum Aragoniæ. Il commence à Andeca, donné comme issu des ducs de Cantabrie et père du duc Eudes, qui aurait épousé l'héritière de l'Aquitaine. De cette union seraient nés : Menina ou Mumerana, mariée à Froila, roi de Léon ; Eudes et Gaifier ; Azenar, une autre fille innommée qui aurait épousé chef sarrasin nommé Munitz. Aznar, fils d'Eudes, dépouillé de l'héritage paternel, se serait réfugié en Cantabrie. Plusieurs auteurs en font le premier comte d'Aragon. Aznar, fils du précédent, et comte d'Aragon, serait mort en 795. Son frère Eudes est présenté comme suzerain de Biscaye.

La suite de cette portion du tableau, où la postérité d'Eudes et de Gaifier, ducs d'Aquitaine, n'est pas indiquée, ne présente aucun intérêt pour nous. Il me suffit de constater que la famille des comtes d'Aragon s'y relie aux rois de Sobrarbe, par Urraca, dite aussi Ennega, fille et héritière de Fortun, sixième comte d'Aragon, femme de Garcia-Iñigo, roi de Sobrarbe, tué par les Maures, ainsi que la reine, en 885.

La gauche du tableau généalogique dressé par Pistorius est consacrée d'abord à la première et à la seconde famille des rois de Sobrarbe ; mais ceci encore est étranger à la question que je soulève, puisque je ne tiens à signaler qu'Eudes, Hunald et Gaifier, d'après la partie droite du tableau, qui n'indique pas la postérité de ces deux derniers.

Voilà donc, d'après Garibay, Mariana, Blanca, Briz Martinez et Pistorius, la Maison d'Espagne-Autriche succédant aux droits des rois d'Aragon, prétendus héritiers des rois de Sobrarbe. Elle peut réclamer, non seulement ce qui appartenait jadis à Eudes, à Hunald et à Gaifier, mais aussi le Bigorre, car Iñigo Arista, présenté comme deuxième roi de Sobrarbe de la seconde famille, est aussi donné comme comte de Bigorre.

La supercherie de Pistorius, utilisant les imaginations des quatre auteurs susnommés, ne devait pas rester impunie. Il a été, en effet, amplement prouvé depuis, que le royaume de Sobrarbe n'a existé que durant trois années, de 1035 à 1038. Le pays ou comté de Sobrarbe, ou Sobrarve, dépendait du royaume d'Aragon. Il se trouve aujourd'hui compris dans la province de Huesca. Ainsa est le principal centre populeux de cette contrée, constituée dans sa plus grande partie par les montagnes d'Arbe ou d'Arve. C'est de là que vient le nom de Sobrarbe. En 1035, le territoire dont s'agit fut donné, avec le comté de Ribagorza, à Gonzalvea, troisième fils de Sanche III, roi de Navarre. Celui-ci, comme ses trois frères, prit le titre de roi. Mais il mourut en 1038, et son État se perdit dans celui d'Aragon, érigé lui-même au profit de Ramire Ier (1035)[1]. Voilà ce dont il n'est aujourd'hui plus possible de douter, grâce aux recherches d'érudits recommandables, et notamment d'Oïhenart, qui fit aussi justice, dès 1638, des fausses généalogies des rois de Navarre et de Sobrarbe, et de celle qui les rattachait par Andeca, Eudes, Hunald et Gaifier, aux ducs de Cantabrie[2].

Il n'était donc plus permis, après la publication de la *Notitia utriusque Vasconiæ*, de servir la politique des souverains de la Maison d'Autriche-Espagne, ou simplement de flatter le patriotisme de leurs sujets, en présentant ces princes comme investis des droits d'Andeca, duc de Cantabrie, et de ceux d'Eudes, Hunald et Gaifier, ducs d'Aquitaine. Forcément, on devait trouver autre chose. C'est pourquoi Tamayo de Salazar, fabriqua la charte d'Alaon et ses neuf prétendues confirmations, insérées en 1694 dans le tome III de la *Collectio maxima conciliorum Hispaniæ* du cardinal de Aguirre. La date de la rédaction de cette formidable supercherie se trouve donc circonscrite entre 1638 et 1694. Dans la charte apocryphe, les princes de la Maison d'Autriche-Espagne sont toujours représentés comme les ayants-droit d'Eudes et de ses descendants. Mais, cette fois, Eudes est donné comme le fils et l'héritier de Boggis, dont ladite charte fait gratuitement un des fils de Hilpéric, fils incontesté de Caribert, roi de Toulouse, et frère consanguin de Dagobert Ier. Sans doute Boggis, donné comme le mari de sainte Ode, est nommé, avec celle-ci, dans des textes légendaires. Mais il va de soi que ces informations ne

---

[1]. Sur les travaux imprimés et manuscrits concernant le comté d'Aragon et le royaume de Sobrarbe, voir les renseignements fournis par Muñoz y Romero, *Diccionario bibliografico-histórico de España*, art. *Aragon* et *Sobrarbe*.

[2]. Oïhenart, *Notitia utriusque Vasconiæ*, l. II, c. IX, X, XI.

méritent qu'une confiance fort restreinte. D'ailleurs, elles n'attestent en rien qu'Eudes fut le fils de Boggis et de sainte Ode[1].

§. II. *De la prétendue guerre d'Eudes, duc d'Aquitaine, contre Egica, roi des Visigoths* (entre 687 et 694). — D'après les auteurs de l'*Histoire générale de Languedoc*, on doit attribuer très probablement à Eudes, duc d'Aquitaine, « les courses que les François firent en Septimanie sous le règne d'Egica, roi des Visigots, entre l'an 687 et l'an 694. Ces courses, qu'on pouvoit regarder comme une guerre ouverte, durèrent pendant trois ans et furent apparamment une suite de la conquête qu'Eudes fit alors de l'Aquitaine austrasienne située sur la frontière des états des Visigots. Les historiens nous ont laissé ignorer les détails de cette guerre dont la Septimanie fut le théâtre; ils nous apprennent seulement que le roi Egica fut obligé d'envoyer une armée dans cette province pour s'opposer aux entreprises des François; que cette guerre dura trois campagnes consécutives, et que si les Visigots ne furent pas vainqueurs, ils ne furent pas vaincus. Ainsi chacun de ces peuples demeura apparamment en possession de ce qu'il possédait dans les Gaules de ce côté-là[2]. »

Ainsi parlent les auteurs de l'*Histoire générale de Languedoc*, sur la foi des actes du dix-septième concile de Tolède, et sur celle de la Chronique espagnole de Luc de Tuy. Certes, je crois volontiers que les Francs et les Visigoths ba-

---

1. La fausse charte d'Alaon signale, en outre, comme fils de Boggis et, par conséquent, comme frère d'Eudes, un certain Imitarius (*Ludonis, Aquitaniæ ducis, et eorum genitori Boggiso duci*). Cet Imitarius n'étant signalé par aucune des chroniques du temps, est donc un des nombreux personnages imaginés par le fabricateur de la charte. Je dois pourtant faire observer que le nom du prétendu frère de Boggis se rapproche beaucoup de celui d'Emeterius ou Hemeterius, l'un des plus grands saints d'Espagne. Le poète Prudence lui a consacré un hymne. V. Aurel. Prudent., *Peristephonon in honorem sanctorum, Passio Emeterii et Chelidonii Calaguritanorum martyrum*, édit. Obarius, Tubingue, 1845, pp. 192-196. Ce saint est surtout vénéré dans les Provinces Vascongades, à Santander et dans la Vieille-Castille. Le faussaire aura sans doute trouvé utile de tirer parti de ce nom, en le modifiant à peine.

2. *Hist. gén. de Languedoc*, l. VII, c. LXXV.

taillèrent en Septimanie, entre 687 et 694. Tout porte à croire qu'alors ces Francs ne venaient pas des pays situés au nord de la Loire. Ce ne pouvait donc être que des Aquitains, et surtout des Vascons cispyrénéens. Cette très grande vraisemblance devient presque une certitude, quand on songe à ce qu'avait déjà entrepris, en 673, Lupus, duc d'Aquitaine, en faveur du tyran Paul, révolté contre Wamba, roi des Visigoths. Admettons donc que les expéditions dirigées contre la Septimanie, de 687 à 694, avaient pour chef un duc d'Aquitaine.

Mais là s'arrête la quasi-certitude. Sous l'influence de ces idées préconçues, qui ont prévalu jusqu'à la théorie nouvelle de Dom Chamard, les illustres bénédictins admettent, comme bien d'autres annalistes, qu'il y avait alors deux Aquitaines, l'une appartenant au duché d'Austrasie, et l'autre à l'État Neustro-Bourguignon. Cette fausse distinction revient souvent, comme je l'ai déjà dit ailleurs, dans l'*Histoire générale de Languedoc*. Mais je répète aussi qu'il n'y a aucun intérêt à signaler cette erreur et à la réfuter directement autant de fois qu'elle est formulée. Il me suffit ici de faire observer que, dès l'origine, le duché d'Aquitaine fut exactement ce qu'il était au temps d'Eudes, de Hunald et de Gaifier. Le chef innommé des expéditions circonscrites entre 688 et 694, le duc d'Aquitaine, ne chercha donc pas alors à conquérir une portion quelconque de ce que les savants bénédictins appellent « l'Aquitaine Austrasienne ». Les deux textes invoqués désignent bien la Septimanie, et il n'est permis d'y rien changer par voie d'interprétation ou de conjecture. Quant à désigner Eudes, duc d'Aquitaine, comme le chef de ces entreprises, la chose ne peut se faire qu'en acceptant comme authentique la fausse charte d'Alaon.

§ III. *De la prétendue guerre dans le Berry entre Eudes et Pépin d'Héristal ou Charles Martel, d'après la légende de saint Austrégisile, métropolitain de Bourges.* — Saint Austrégisile, vulgairement appelé Outrille, remplaça, vers 612, Apollinaire comme métropolitain de Bourges. Sa Vie, ou plutôt le récit de ses miracles, remonte à une époque lointaine, mais postérieure, sans conteste, aux premières années qui suivirent la mort de ce prélat. On y trouve d'ailleurs quantité de fables. C'est pourquoi je récuse ce document au point de vue historique. L'auteur était sans doute un Aquitain, car il traite de Barbares (*Barbari*) les Francs du Nord qui, d'après lui, portèrent la guerre en Berry au temps d'Eudes, duc d'Aquitaine.

Nous verrons bientôt combien les érudits qui se fient au récit des miracles de saint Austrégisile diffèrent, d'ailleurs, sur la date de cette guerre. Leurs conjectures évoluent, en effet, entre 691 et 731. A cette dernière date, disent-ils, Eudes était assurément en lutte avec Charles Martel. Étudions donc la légende, en attendant de la contrôler par l'histoire.

Le duc d'Aquitaine et Pépin se faisaient la guerre. Celui-ci, revenant de Touraine, arriva en Berry avant Eudes.

Or, « Pépin, prince des Francs, voulant combattre Eudes, prince d'Aquitaine, arriva près de la ville de Bourges[1]. » Les Barbares (*Barbari*), c'est-à-dire les soldats de Pépin, ayant passé le Cher à Chabris, allèrent piller une villa du voisinage appelée Stivalis, qui avait appartenu à saint Austrégisile. Là, il se faisait chaque jour des miracles. En touchant le lit où le saint avait reposé, ou quelque objet dont il s'était servi, on se guérissait de maintes maladies. Pourtant, des soldats francs mirent le feu à la villa; mais aussitôt ces incendiaires furent saisis par le Démon, et livrés à d'horribles souffrances. Dès que la nouvelle en fut parvenue à Pépin, il ordonna de respecter dorénavant les choses de saint Austregisile[2]. Puis il alla mettre le siège devant Bourges, s'empara de cette ville, y laissa une garnison et repassa la Loire.

[1]. Post idem tempus cum Pippinus Princeps Francorum adversus Aquitaniæ Principem volens dimicare, ad urbem Bituricam advenisset... (*Ex Lib. Mirac. S. Austregesili episc. Bituric.*, ap. Bouquet, III, 660.)

[2]. In pago Biturico juxta vicum Carobrias, villa quæ dicitur Stivalis, viri sancti proprietas fuerat... cum Francorum princeps Pipinus adversus Eudonem Aquitaniæ provinciæ principem volens dimicare... in pago Biturico advenisset, Barbari de ipso exercitu ad præfatam domum venerunt etc. (*Id. Ibid.*, III, 660.)

Dans le récit de l'hagiographe, il n'est pas question, j'en conviens, de la prise de Bourges par Pépin. Mais les faits postérieurs seraient inexplicables, disent les partisans de l'authenticité de cette portion du récit, si on n'admettait pas que Bourges tomba alors au pouvoir de Pépin. En effet, la suite du texte nous montre « le prince Eudes assiégeant la cité de Bourges ». Ce personnage ordonna à Agnus, un de ses *optimates*, de se loger dans le monastère de saint Austregisile. Agnus abandonna à ses comtes tout ce qu'il put trouver dans le couvent, de sorte qu'il ne demeura plus rien aux moines[1]. Après la prise de la ville, l'abbé Bercorial alla offrir un modeste présent à Agnus, le suppliant d'épargner les possessions qui restaient encore aux religieux. Celui-ci le reçut avec dérision, et le pillage continua. Mais Agnus expia ces méfaits par une horrible mort[2]. Il en fut de même pour un autre des *optimates* d'Eudes, Fredegesile[3], et pour le comte Androald[4].

Ainsi, malgré la paix promise par Eudes, après la reddition de Bourges[5], la légende nous montre le Berry cruellement pillé par les Francs d'abord, et ensuite par les Aquitains.

---

1. Non multo post tempore cum Eudo Princeps Bituricas civitatem obsidione circumvallatam haberet, unum de Optimatibus Agnum nomine, in Monasterio beati Austregesili jussit manere. At ille quidquid invenire potuit in ipso cœnobio, suis comitibus tradidit dispensandum, ita ut nulla Fratribus remaneret substantia. (*Ibid.*)

2. Hæc audiens Rex Eudo, magno pavore concussus est, jussitque omnia illico reddere, quæ infelix Agnus de villis sancti Austregesili deprædatus fuerat, præcipiens cunctis comitibus suis, ut ulterius nemo præsumeret res sancti contingere, etc. (*Ibid.*, III, 661.)

3. Nec mora, post tempus illud unus ex Optimatibus Eudonis Principis, nomine Fredegesilus, prædatus est jumenta ab monasterio sancti Austregesilii. Cumque ea deduxisset ad propria cum alia præda quamplurima, et cum multa electione eam dividere vellet sociis suis, statim valida febre accensus est, ut semper mori timeret, etc. (*Ibid.*)

4. In ipso quoque tempore unus ex Comitibus Eudonis Principis, Adroaldus nomine, cum castellum editum in ipso pago Biturico violenter acquisisset, etc. — Nec mora fuit cum ipsum Adroaldum magnus timor invasit, ut nec cibum sumeret, nec valeret dormire : neque vel sedere poterat, et quid agere deberet ignorabat, etc. (*Ibid.*)

4. Cum ipsa civitas tradita fuisset præfata Principi, et pax denuntiata in omnibus. (*Ibid.*, III, 660.)

D'après ce texte, Eudes avait une grande confiance dans saint Austrégisile, comme il appert du passage suivant : « Un jour que le roi Eudes était venu prier au monastère, il se plaignit aux moines, leur disant : « Qui de vous, ô seigneurs, me fera « justice de votre saint ? J'ai cru en lui, je l'ai accepté comme « caution, lorsque Chucian m'a prêté serment en ce lieu. » Puis, s'adressant au tombeau du saint évêque, il s'écriait : « Saint Austrégisile, fais-moi justice de toi-même. Si je « n'avais pas cru en toi, Chucian ne m'aurait pas trahi. Punis- « le donc, et je comblerai de biens tes serviteurs [1]. »

Toujours selon la légende, Chucian, dont Eudes déplorait ainsi la trahison, lui avait prêté serment sur le tombeau de saint Austrégisile. Puis, il s'était enfui en France auprès de Charles (*in Franciam apud Carolum Principem*). Cela donnerait à supposer qu'Eudes lui avait confié la défense du comté de Bourges, que Chucian l'avait livré aux Francs, et qu'à l'approche du duc d'Aquitaine il s'était réfugié au nord de la Loire. La légende ajoute que la vengeance de saint Austrégisile ne tarda pas à s'exercer contre Chucian.

Tels sont, en somme, les passages de la légende rapportant la prétendue guerre entre Pépin et le duc Eudes. Labbe[2], Mabillon[3], Dom Bouquet[4], Fauriel[5], Raynal[6], etc., croient que ce texte est authentique. Mais, comme aucun témoignage inattaquable ne montre le duc Eudes en guerre avec un personnage carlovingien du nom de Pépin, ils proposent de substituer *Carolus*, c'est-à-dire Charles Martel, à *Pipinus*, d'autant que l'auteur de la légende, oubliant plus bas qu'il avait mis *Pipinus*, écrit ensuite *Carolus*. Notez

---

1. Cum Eudo Rex orandi gratia ad Monasterium sancti Austregesili advenisset, facta oratione cœpit conqueri cum Fratribus dicens : *Quis ex vobis, Domini, faciet mihi justitiam de sancto Austregisilo ? Ipse credidi, et eum fidejussorem recepi, quando Chutianius in illo loco fecit mihi sacramentum*, etc (*Id. Ibid.*, III, 661)
2. *Nov. Bibl.*, II, 354.
3. *Acta SS.*, O. S. B. sæc. II, *Lib. mirac. S. Austregesili*, n° 4.
4. *Script.* III, 360.
5. *Hist. de la Gaule mérid.*, III, 114.
6. *Hist. de Berry*, I, 198-99.

que le passage où se trouve *Carolus* n'est pas forcément contemporain des faits auparavant racontés. C'est, en effet, au troisième paragraphe qu'on les trouve, tandis que c'est au cinquième seulement qu'il est parlé de la trahison de Chucian, et de sa retraite *in Francia apud Carolum principem*.

Ceci n'est déjà pas de nature à donner grande confiance. Mais poursuivons. Il s'agit de déterminer la date de la prétendue guerre entre le duc Eudes et Pépin, transformé en Charles Martel. Nous verrons plus loin qu'ils se combattaient réellement en 731. C'est pourquoi Fauriel et Raynal s'arrêtent à cette date. Mais comme il est certain, d'ailleurs, qu'Eudes possédait Bourges en 731, Fauriel est obligé de s'engager encore plus avant dans la voie de l'hypothèse. En conséquence, il admet qu'alors Pépin enleva la ville au duc d'Aquitaine, et que celui-ci ne tarda pas à la lui reprendre, ce que la légende seule atteste implicitement.

Selon M. Perroud, la légende de saint Austregisile « prouve d'abord qu'avant 714, du vivant de Pépin d'Héristall, mais probablement dans les dernières années de son principat, Eudes était déjà duc d'Aquitaine. Il n'y a rien là que de fort vraisemblable, car si nous refusons à Eudes les cinquante-quatre (disons même les soixante et un) ans de règne que lui attribue M. Fauriel, nous ne faisons aucune difficulté de lui en concéder vingt-cinq ou trente, ou même un peu plus. » Ainsi, toujours d'après M. Perroud, « le Berry fut conquis par le jeune duc d'Aquitaine entre 695 et 714, dans les dernières années (probablement) de Pépin d'Héristall, conquis par les armes, malgré le chef des Francs, et presque sous ses yeux. » L'auteur des *Origines du premier duché d'Aquitaine* espère bien qu'on acceptera « ces explications [1] ».

Moi, je ne les accepte pas. Qu'Eudes fut duc d'Aquitaine dès 714, je le crois, et d'autant plus volontiers que, quatre ans plus tard, en 718, nous verrons ce duc d'Aquitaine dans la situation d'un chef déjà pleinement investi du pouvoir, et

---

1. Perroud, *Des origines du premier duché d'Aquitaine*, 174-175.

traitant à ce titre, contre Charles Martel, avec Chilpéric II, souverain de l'État neustro-bourguignon, et avec Raganfred, son Maire du Palais. Mais je borne là mes concessions. Je n'admets pas que, pour les besoins de son système, et surtout de la portion concernant l'origine prétendue double du duché d'Aquitaine, M. Perroud ait le droit de raisonner ainsi quand, dès 673, les actes du concile de *Garnomo castro,* donnent déjà le Berry audit duché. Sans doute, « tant que la sincérité d'un hagiographe n'est pas suspecte, tant que tel détail n'est pas manifestement controuvé, il est d'une bonne critique d'accepter le récit tel quel, et de l'expliquer[1]. » Ce qui ne l'est pas, au contraire, c'est de se prévaloir d'une simple légende pour ne tenir aucun compte des témoignages historiques.

Mais je m'étonne surtout que Dom Chamard, lui qui a si bien démontré, au principal, que le premier duché d'Aquitaine remonte à la fin du règne de Dagobert Ier, accepte aussi comme probants les passages précités de la légende de saint Austrégisile, dont il se prévaut en même temps que de celle de saint Bonet, évêque de Clermont[2].

Nous lisons dans celle-ci que « Pépin d'Héristal, qui gouvernait *sous le nom du roi Thierry,* donna son consentement » à la nomination de ce prélat. Mais quand le biographe « rapporte, un peu plus loin, le choix que le saint pontife fit de son successeur, Nodorbert, il se sert d'une expression qui semble indiquer que le *prince* qui confirma cette élection exerçait une autorité indépendante de celle du roi. Il l'appelle le Prince du royaume ou de l'État (*Principem regni*)[3], terme insolite, qu'il n'aurait pas employé s'il se fût agi de Pépin d'Héristal, qui se faisait un devoir d'associer, tout au moins, le nom du roi au sien, dans les actes officiels. Par ce *Prince de l'État,* il faut donc entendre le duc d'Aquitaine, à qui le même écrivain donne constamment la qualification de *prince* et même de *roi*[4].

1. *Id. Ibid.,* 474.
2. Dom Chamard, *L'Aquitaine sous les derniers Mérovingiens,* 33.
3. Mabillon, *Acta SS. O. S. B.,* sœc. II, n° 16.
4. Bouquet, III, 660-664, n° 5.

« Or, comme saint Bonet désigna son successeur en 699 ou 700, c'est antérieurement à cette date qu'il faut placer, entre Eudes et Pépin dont il était question tout à l'heure, cette guerre civile, supposant que l'indépendance de l'Aquitaine n'était pas encore tolérée par la cour mérovingienne.

« Toutefois, cette lutte suprême entre les deux rivaux ne doit pas avoir précédé de beaucoup l'année 699. En effet, le Poitou faisait incontestablement partie du duché d'Aquitaine à cette époque, comme l'a prouvé M. Longnon [1]. Or, les monuments historiques nous montrent Ansoald, évêque de Poitiers, en rapport direct avec la cour de Bourgogne et d'Austrasie, non seulement le 28 février 693, jour où il assistait à un plaid présidé à Valenciennes par le roi Clovis III [2], mais encore le 6 mars 696, où il signait un privilège en faveur d'un monastère situé dans le diocèse de Chartres [3], et même le 14 mars 697, troisième année de Childebert III. Dans cette dernière circonstance, il assistait à un plaid royal tenu à Compiègne, et composé d'un grand nombre de prélats et de seigneurs, parmi lesquels on remarquait les évêques d'Orléans, de Paris, de Beauvais et de Chartres [4].

« A cette date, le Poitou, et par conséquent l'Aquitaine, n'avaient donc pas encore rompu les liens de sujétion qui les unissaient à la royauté mérovingienne. L'époque où s'opéra la scission définitive se trouve donc délimitée entre les années 697 et 700 [5]. »

Ainsi, d'après Dom Chamard, Eudes, déjà duc d'Aquitaine avant 699, guerroya auparavant en Berry contre Pépin d'Hé-

1. *Revue des questions historiques*, 1879, t. XXV, p. 187.
2. Mabill., *Ann. Bened.*, an 693, lib. XVIII, n° 24; *De re diplomatica*, lib. VI, 475; Pardessus, *Diplomata*, II, 229.
3. Mabill., *Ann.*, lib. XVIII, p. 40; id., *De re diplom.*, VI, p. 478; Pardessus, *Dipl.*, II, 424.
4. Mabill., *Ann.*, XVIII, p. 55; id., *De re diplom.* VI, 479. — Pardessus, *Diplom.*, II, 242, note 1, fait observer que le règne de Childebert ayant commencé en mars, sans qu'on sache le jour, de l'an 695, le 14 mars de la troisième année de son règne pourrait, à la rigueur, se rapporter à l'an 697.
5. Dom Chamard, *L'Aquitaine sous les derniers Mérovingiens*, 33-34.

ristal. Or, comme le duc d'Aquitaine mourut en 735, il faudrait par conséquent admettre qu'il exerça le pouvoir pendant une quarantaine d'années. Mettons qu'Eudes n'eût que vingt ans à l'époque de son avènement. C'était bien peu, dans ces époques troublées, pour exercer utilement l'autorité. A ce compte, le duc d'Aquitaine serait né vers 680. A vingt ans, il aurait donc lutté avec grand succès contre un homme tel que Pépin d'Héristal, et se serait emparé du Berry ; et à cinquante-six ans, il aurait encore combattu contre les Francs de Charles Martel (732) et les Sarrasins d'Abdérame. Ainsi, nous aurions au moins, pour Eudes, quarante années de fonctions ducales. Quarante années de fonctions ducales, cela est-il vraisemblable? Et sur quoi repose cette supposition si téméraire? Sur le simple rapprochement de deux légendes : sur le récit des miracles de saint Austrégisile, partiellement appuyé par la légende de saint Bonet.

Heureusement, je n'ai pas besoin de discuter celle-ci. Il me suffit d'opposer à Dom Chamard, outre les raisons déjà produites à l'encontre de ses prédécesseurs, l'une des meilleures parties de son propre mémoire. Cet érudit admet, en effet, et à bon droit, la pleine authenticité des actes du concile de *Garnomo castro*, convoqué par ordre de Childéric II et à la diligence de Lupus, duc d'Aquitaine, vers 670. Ce concile est donc bien antérieur au récit des événements consignés dans la légende de saint Austrégisile. Or, il est prouvé qu'à cette assemblée figuraient uniquement des prélats ou des délégués des évêques des provinces de Bourges, de Bordeaux et d'Eauze, c'est-à-dire de l'Aquitaine et de la Vasconie cispyrénéenne. Et parmi eux, qui trouvons-nous? Adus, métropolitain de Bourges. Donc, cette métropole et le Berry faisaient déjà partie du duché d'Aquitaine vers 670. Donc, Eudes n'avait à le conquérir, ni avant 714 sur Pépin d'Héristal, comme le dit M. Perroud, ni avant 699, comme le veut Dom Chamard.

§ IV. *De la Provence Arlésienne et de l'Uzège, faussement attribuées au premier duché d'Aquitaine.* — J'ai déjà montré, dans un précédent mémoire, que le premier duché d'Aquitaine équivalait à la Première et à la Seconde Aquitaine du Bas-Empire, augmentées de la cité de Toulouse. J'ai dit aussi que, depuis la mort de Dagobert Ier, le duché de Vasconie se mouvait sous l'influence de celui d'Aquitaine. La composition de ce dernier est attestée par un ensemble de textes, rédigés entre 638, époque de la mort de Dagobert Ier, et la conquête du sud-ouest de la Gaule franque par Pépin le Bref, en 769.

A ce vaste territoire, les auteurs de l'*Histoire générale de Languedoc*[1], et après eux quelques annalistes subalternes, ajoutent la Provence Arlésienne. Ils donnent aussi au duché d'Aquitaine, le Vivarais, le Gévaudan et l'Uzège. Sur le Gévaudan et le Velay, je ne fais pas de difficulté; car la *civitas Gabalum* et la *civitas Vellavorum*, c'est-à-dire le Gévaudan et le Velay, appartenaient à la Première Aquitaine. En ce qui concerne la Provence Arlésienne et l'Uzège, autrement dit Uzès et son territoire, M. Longnon fait observer, à bon droit, que cette attribution n'est possible « qu'en faisant usage d'une inscription évidemment supposée[2]. » Cette inscription remonterait, dit-on, à 716. Elle aurait été trouvée en 1279, à Saint-Maximin, en Provence, dans le tombeau de sainte Madeleine[3]. Elle se trouve rapportée après et d'après Bernard Gui, dominicain qui écrivait au commencement du quatorzième siècle, par Catel[4], le P. Pagi[5], et Dom Bouquet[6]. Si l'on se fiait à la date, ce texte remonterait au règne de Eudes : *regnante Odoino piissimo Francorum rege*. Le

---

1. *Hist. génér. de Languedoc* (édit. Privat), l. VII, c. LXXIV, et note LXXVIII.

2. Longnon, *Les Quatre fils Aymon*, dans la *Revue des questions historiques*, t. XXV, 186-188.

3. Anno Nativitatis Dominicæ DCCXVI, mense Decembri, in nocte secretissime, regnante Odoino piissimo Francorum Rege tempore infestationis gentis perfidæ Sarracenorum, translatum fuit hoc corpus carissimæ et venerandæ Mariæ Magdalenæ de sepulcro suo alabastri in hoc marmoreum, ex metu dictæ gentis perfidæ Sarracenorum, quia est securius hic, amoto corpore Sidonii.

4. Catel, *Mémoires de l'Histoire de Languedoc*, 524.

5. Pagi, *Ann.*, ad. ann. 716, n. 11.

6. *Script.* III, 640.

P. Pagi croit que la crainte dont furent alors agitées les populations de cette partie de la Provence, menacées par les Sarrasins, fit qu'elles se soumirent à l'autorité d'Eudes. Mais les auteurs de l'*Histoire générale de Languedoc* objectent qu'Eudes « possédoit à titre de duché héréditaire les pays dépendans du royaume de Neustrie, situés à gauche de la Loire », que ce n'était pas seulement « depuis le commencement du huitième siècle qu'une partie de la Provence fut soumise à ce duc, et qu'il tenait ce pays de ses ancêtres.

« On peut confirmer ce que nous venons de dire par le témoignage de la Chronique [1] de S. Bénigne de Dijon, qui a copié véritablement Frédégaire au sujet du partage qui fut fait entre Dagobert et Charibert ; au lieu de ces mots : *Charibertus sedem Tolosæ eligens sedem regnat in parte provinciæ Aquitanicæ*, elle a substitué ceux-ci : *regnat in partibus Provinciæ et Aquitanicæ*. La Chronique de Hugues de Flavigny ou de Verdun porte la même leçon : *regnabat Aribertus in Provincia et Aquitania;* ce qui peut donner lieu de croire qu'on lisait ainsi dans les plus anciens manuscrits de Frédégaire, d'où ces auteurs peuvent l'avoir tiré. »

Ainsi raisonnent les auteurs de l'*Histoire générale de Languedoc*. Avec eux, j'admets bien que le royaume de Toulouse et le premier duché d'Aquitaine avaient la même composition. Mais j'en exclus la Provence Arlésienne et l'Uzège. Voici mes raisons.

Et d'abord, où est la prétendue inscription de saint Maximin ? Nul ne l'a jamais vue en nature. Ce texte ne nous est fourni que par le dominicain Bernard Guidonis, dont la critique était, j'en conviens, supérieure à celle des écrivains de son temps. Mais, cette fois, il ne l'a pas exercée.

Jetons maintenant un simple coup-d'œil sur la pièce *Regnante Odoino Francorum rege*. *Odoinus* peut-il être donné comme l'équivalent d'*Eudo* ? Les documents authentiques nous ont-ils jamais présenté Eudes comme un roi ? Je sais

---

[1]. *Chronique de S. Bénigne de Dijon*, Spicilege, t. I, p. 382.
[2]. Labbe, *Bibl. Nova*, t. I, p. 101.

bien qu'en 718, comme nous le verrons plus loin, Chilpéric II et son Maire du Palais Raganfred offrirent à ce personnage la royauté (*regnum*). Mais l'inscription prétendue ne remonterait qu'à 716. Or, aucun texte authentique ne donne à Eudes le titre de roi, soit avant, soit après 718. Chose plus étrange encore, Eudes aurait été roi des Francs, *Francorum rege*. Comptons donc l'inscription dont s'agit comme notoirement fausse. C'est pourquoi M. Le Blant n'a pas cru devoir en dire un mot, dans ses *Inscriptions chrétiennes de la Gaule*.

Parmi les temoignages invoqués, restent encore ceux des Chroniques de Saint-Bénigne de Dijon et de Verdun, et un passage d'Aimoin. Mais il n'y a pas lieu de s'en émouvoir autrement. En effet, les deux Chroniques, et Aimoin, que les historiens du Languedoc ne visent pas, s'inspirent visiblement de ce passage de Frédégaire : *Regnat (Charibertus) in parte provinciæ Aquitaniæ*. Mais les auteurs écrivent : *Regnat in parte Provinciæ et Aquitaniæ*. Or, c'est là une mauvaise variante, dont on ne doit tenir aucun compte [1]. Il s'agit, en effet, de la province d'Aquitaine seule (*provinciæ Aquitaniæ*) et non de la Provence et de l'Aquitaine (*Provinciæ et Aquitaniæ*) [2].

Repoussons donc, sur ce point, la doctrine des auteurs de l'*Histoire générale de Languedoc*, qui insistent surtout relativement à l'Uzège. La Chronique d'Uzès, disent-ils, atteste qu'en 756 cette ville était déjà passée du pouvoir des Visigoths à celui des Francs [3]. Mais les doctes bénédictins reconnaissent eux-mêmes que cette Chronique ne mérite pas grand crédit [4]. Elle ne consiste, en effet, qu'en dix ou douze articles, tirés des anciens titres de la cathédrale d'Uzès ou des Annales d'Aniane, que le rédacteur a tirés à la suite d'un

---

1. Aimoin., *Hist. Franc.*, l. IV, c. 17.
2. Spruner-Menke, *Atlas*. n° 29.
3. Anno Domini DCCLVI intrante mense Aprili, in Nemauso ac Ucessia jam redactis sub Francorum dominio, cessante dominio Gothorum, intravit comes Radulfus prout reperitur in archivis S. Theodoriti Uticensis. (Casenueve, *le Franc-Alleu de la Province de Languedoc*, 285 et s.)
4. *Hist. génér. de Languedoc*, II, note LXXXXV (édit. Privat).

ancien manuscrit, et dont il rapporte la plupart sous une fausse date. Les auteurs de l'*Histoire générale de Languedoc* signalent exactement ces fautes. Mais alors, pourquoi supposer, comme ils le font, que les Visigoths de la partie orientale de la Septimanie s'étaient soustraits à la domination des Sarrasins vers 738, et avaient enlevé Uzès, soit aux musulmans, qui, disent-ils, pouvaient s'en être emparés, soit aux enfants d'Eudes, duc d'Aquitaine? Selon Valois, ajoutent-ils, cette ville fut du domaine de ce duc, qui dut s'en rendre maître quand « il envahit l'Aquitaine austrasienne ».

Mais le fait est que, dès 638, il n'y a plus d'Aquitaine austrasienne et d'Aquitaine neustrienne. Il y a tout bonnement, dans le sud-ouest de la Gaule, les duchés d'Aquitaine et de Vasconie. Eudes n'avait pas besoin d'envahir l'Aquitaine austrasienne, puisqu'il la possédait déjà, tout comme l'Aquitaine neustrienne; car, avec le Toulousain en plus, elles constituaient le duché d'Aquitaine, tel qu'il exista depuis la mort de Dagobert Ier (638), et tel qu'on peut le restituer avec les souscriptions des évêques présents au concile de *Garnomo Castro* (vers 670), et par la description de la *Guasconia* de l'Anonyme de Ravenne. Sans doute, Hadrien de Valois a écrit qu'Eudes était maître de la Première et de la Seconde Aquitaine, c'est-à-dire du territoire compris entre la Garonne et la Loire, ainsi que du Toulousain et d'Uzès[1]. Mais ce grand érudit n'en fournit aucune preuve. En ce qui concerne Uzès, Valois s'est peut-être laissé influencer par la prétendue inscription de Saint-Maximin. D'autres sont allés plus loin, et n'ont pas craint d'affirmer qu'il existe des diplômes datés de telle ou telle année du règne d'Eudes, roi des Francs. C'est faux. L'inscription prétendue de Saint-Maximin est la seule où on lise : *Regnante Odoino Francorum rege*. Et puis, je tiens à le répéter, *Odoinus* n'a rien à voir avec *Eudo*.

Pour ces raisons, j'estime que l'autorité du duc Eudes ne s'est jamais exercée, ni dans l'Uzège, pays situé dans la Pre-

---

1. Valesius, *Rer. Francic.*, l. XXIII, 433.

mière Narbonnaise, sur la rive droite du Rhône, ni dans la Provence, située de l'autre côté du fleuve.

Voilà, je crois, toutes les erreurs et fables données comme autant de faits authentiques accomplis au temps de la jeunesse du duc Eudes. Si je suis parvenu à les réfuter, je ne regretterai pas les quatre paragraphes consacrés à cette besogne.

§ V. *Origine probable du duc Eudes.* — Ce personnage avait-il pour père Lupus, ou même Boggis? La question reste insoluble. « Était-il simplement un soldat heureux, un optimat riche et puissant, que ses vertus ou ses intrigues avaient élevé au premier rang? » Je ne le crois pas. L'Aquitaine imitait trop servilement l'Austrasie dans ses visées politiques pour n'avoir pas confié, comme elle, ses destinées à une famille indigène qui avait bien servi le pays. D'ailleurs, à la mort d'Eudes, on voit ses enfants, comme ceux de Pépin, hériter sans conteste de son pouvoir : ce qui prouve un mode de succession déjà établi [1].

Certains érudits affirment qu'Eudes était d'origine romaine, et ils invoquent, à ce sujet, un passage du Digeste « (60. *Idem* Scævola, *libro vicensimo quarto Digestorum*) Testamento ita cavit, Εὔδον βούλομαι δοθῆναι νομίσματα χίλια, ἐπεὶ ἔφθασεν γεννηθῆναι μετὰ τὸ τὴν μητέρα αὐτοῦ γενέσθαι ἐλευθέραν. Id est : volo ut Eudoni dentur mille solidi eo quod primus sit genitus postea quam mater ejus ad libertatem pervenit. Quaero an si Eudo non probet se post manumisionem matris suae natum, possit his verbis testamenti libertatem consequi? Respondit non opportere ejusmodi consultationem præjudicum parare [2]. »

Voilà donc le nom de Eudes écrit en deux langues, et à deux cas. Ce nom doit être néanmoins rarissime dans les textes latins, car tous les spécialistes par moi consultés m'ont déclaré ne l'avoir jamais rencontré ailleurs. Si l'on interroge le meilleur

---

1. Dom Chamard, *L'Aquitaine sous les derniers Mérovingiens*, 34.
2. Scævola, Loi 60 au Digeste (édit. Krueger et Mommsen), *De manumissis testamento*, XXXX, IIII, 160.

et le plus récent travail du genre, sur les noms de personnes en latin, je veux dire l'*Onomasticon* de M. Vincent De-Vit, en cours de publication, on n'y trouve pas même le nom d'Eudo. Celui qui s'en rapproche le plus est « Eudius, ii, m. Cognomen Romanum Graecanicum. Εὐδιος,, *h. e.* serenus; ab εὖ, bene et δῖος, divinus, caelestis. *Inscr.* ap. *Grut.*, 576, 12. T. Flavius Eudius[1]. »

Pour ces raisons, je me rallie à l'opinion des érudits par moi consultés. Eudo n'est pas un nom latin. Un helléniste autorisé n'en trouve pas la racine grecque satisfaisante. L'esclave dont le nom figure au Digeste, dans le passage précité de Scævola, jurisconsulte du temps de Marc-Aurèle, devait donc être un homme d'origine barbare[2].

Ainsi, le nom du duc d'Aquitaine ne serait ni latin, ni grec. D'ailleurs, en fût-il autrement, cela n'éclaircirait en rien l'origine de ce personnage. Il est amplement prouvé, en effet, que, durant le haut moyen-âge, les Barbares établis dans la Gaule prirent souvent des noms de Romains, et les Romains des noms de Barbares[3]. Il est à croire que nous ne saurons jamais si le duc Eudes était de souche romaine ou barbare.

§ VI. *Convention d'Eudes avec la Neustrie* (718). — Enfin, nous voyons ici Eudes apparaître avec certitude.

A la mort de Pépin d'Héristal, les Neustriens avaient recouvré leur indépendance. Ils s'étaient donné un roi particulier, Chilpéric Daniel, dont le Maire du Palais était un seigneur angevin nommé Raganfred. Mais bientôt Charles Martel et ses Austrasiens avaient repris l'avantage. Battus à Vincy (717), les Neustriens réclamèrent le secours d'Eudes.

« Chilpéric et Raganfred dirigent une ambassade vers le duc Eudes, demandent son assistance, lui envoient le titre de roi (*regnum*) et des présents. »

---

1. De-Vit, *Totius latinitatis Onomasticon*, v° *Eudius*.
2. *Eudo* est certainement un nom germanique : il n'y a qu'à consulter Foerstemann, *Deutsche Personennamen*, v° *Eudo*.   (A. T.)
3. Fustel de Coulanges, *L'Invasion germanique*, l. II, c. xv.

Ainsi s'exprime le second continuateur de Frédégaire, un auteur contemporain, car il écrivait encore en janvier 736. C'est le seul de cette époque qui parle de *regnum*. Les autres chroniques sont encore plus brèves [1].

L'expression *regnum* est remarquable. On n'offrait pas seulement à Eudes le titre de roi, mais tous les droits régaliens. Cette proposition dut lui être apportée vers 718, c'est-à-dire un an ou environ après la bataille de Vincy. Dans l'intervalle, Charles Martel guerroyait contre les Saxons. Chilpéric II et Raganfred en profitèrent pour rassembler leurs forces et négocier avec Eudes, qui leur promit de les aider.

§ VII. *Campagne d'Eudes en faveur de Chilpéric II* (719). — Dès les premiers mois de l'année suivante, le duc Eudes partit en guerre avec ses Vascons renforcés d'Aquitains [2]. Sans doute, il dut franchir la Loire sans peine; car les villes neustriennes sises au bord de ce fleuve devaient naturellement être hostiles à Charles Martel et à l'Austrasie. Le duc et son armée traversèrent certainement la Beauce, et atteignirent Paris. La Chronique de Moissac nous montre, en effet, Eudes se retirant, après la campagne, sur la capitale de la Neustrie [3]. Il avait donc traversé Paris une première fois, et sans doute pour rallier l'armée de Chilpéric II et de Raganfred. Charles Martel et ses Austrasiens étaient proche. Près de Soissons, un grand combat s'engagea, où beaucoup de Francs périrent [4], et où les

---

1. Chilpericus itaque et Raganfredus legationem ad Eodonem ducem dirigunt cilis auxilium postulantes rogant, regnum et munera tradunt. (*Continuationes Fredegar.* (édit. Krusch), dans les *Monumenta Germaniæ historica, Scriptores rerum merovingicarum,* II, 168. Cf. *Gesta regum Francorum,* c. 53, ap. Bouquet, II, 572; *Ann. Francorum Fuldenses,* ad ann. 716, ap. Bouquet, II, 673; *Ann. Francorum Metenses,* ad ann. 715, ap. Bouquet, II, 682, etc.)

2. Vasconum hoste commoto. (*Sec. cont. Fredeg.,* ap. Bouquet, II, c. 107.) — Anno DCCXXXI, quando Karolus fuit in Vuasconia contra Eudonem et Ragenfridus. (*Ann.* citées par Oïhenart, *Not. utr. Vasc*, 414. La date DCCXXXI est évidemment fausse.)

3. Parisius civitate regressus. (*Chron. Moissac*, ap. Bouquet, II, 654.)

4. Occisio Francorum ad Suessonis civitate. (*Ann. Nazariani,* ap. Bouquet, II, 639.)

Austrasiens furent vainqueurs. Cette bataille n'est mentionnée ni dans le second continuateur de Frédégaire, ni dans les *Gesta regum Francorum*. Ces deux textes contemporains sembleraient indiquer que les Austrasiens et les Vascons n'en vinrent pas aux mains. Eudes aurait ainsi battu en retraite sans lutter, dès l'arrivée de Charles Martel. Les Annales de Metz sont plus explicites encore, mais elles ne datent que de la fin du dixième siècle [1].

Ainsi, le duc d'Aquitaine devait être probablement entre Paris et Soissons, quand il apprit la victoire de Charles Martel sur Raganfred. Ce fut alors que, suivant le texte déjà cité, il se rabattit sur Paris. Peut-être Chilpéric II n'avait-il pas quitté sa capitale. Peut-être aussi l'avait-il regagnée, après la bataille de Soissons. Quoi qu'il en soit, Eudes poursuivit sa route, emmenant avec lui Chilpéric II, et emportant le trésor royal. Il rebroussa chemin vers Orléans, et se réfugia derrière la Loire, comme l'attestent tous les chroniqueurs francs sauf l'auteur des *Gesta regum Francorum*, qui déclare que le roi de Neustrie se retira spontanément au sud du fleuve avec son trésor. Quant au maire Raganfred, il s'était enfui seul vers son pays d'Anjou [2].

Charles Martel poursuivit Eudes jusqu'à Orléans, qui semble alors avoir fermé ses portes aux Austrasiens. Un chroniqueur relativement récent (onzième siècle) nous montre le vainqueur poursuivant jusqu'à Tours [3], le duc Eudes qui faillit être pris (*vixque evadens*), et finit par regagner ses États.

§ VIII. *Traité entre Charles Martel et Eudes* (720). — Charles Martel était vainqueur; mais il ne tenait pas en son pouvoir le roi Chilpéric Daniel. Trop occupé contre les Saxons, du côté du Rhin, pour porter la guerre en Aquitaine, il aima mieux négocier. Ses envoyés vinrent demander à Eudes la remise de la personne de Chilpéric II, et celle du trésor royal

---

[1]. Cum audisset Eodo Karolum esse itinere, — territus aufugit. (*Ann. Franc. Metenses*, ap. Bouquet, II, 682.)

[2]. *Chron. Fontanell.*, c. 3, ap. Bouquet, II, 659.

[3]. Ademar., *Chron*., ap. Bouquet, II, 572.

de Neustrie. A ce prix, Charles Martel offrait son amitié. Eudes accepta.

Cette convention semble remonter à 720. L'expression *anno insecuto*, dont fait usage le second continuateur de Frédégaire, après avoir raconté la campagne de 719, indique bien cette date de 720. Richter tient cependant pour 719, à cause d'une charte de Charles Martel, datée du 2 décembre, *regnante Chilperico rege*[1]. Pardessus [2] estime que cette charte, qui ne contient aucune indication de date, est de 719. C'est pourquoi Richter fait observer que, si le 2 décembre 719 Chilpéric II était déjà au pouvoir de Charles Martel, le traité qui le fit tomber entre ses mains ne serait pas de cette année-là, mais de la suivante.

Ce raisonnement n'est pas sans réplique. En 717, Charles Martel avait, pour l'opposer à Chilpéric II, proclamé roi Clotaire IV, qui mourut en 719. Très probablement, Charles, dont l'intérêt était de ne pas laisser vaquer la royauté dès longtemps nominale, aura daté ses actes du règne de Chilpéric II, même avant qu'Eudes eût remis ce prince en son pouvoir [3]. Il n'est pas prouvé, d'ailleurs, que ladite charte soit de 719 plutôt que de 720. Pour écarter la date du 2 décembre 720, Pardessus ne produit qu'un seul argument. Chilpéric Daniel, ou Chilpéric II, dit-il, mourut précisément en décembre. Le diplôme dont il s'agit est daté du 2 de ce mois : *mense decembri, die IV Non...* Le jour précis de la mort de Chilpéric II étant inconnu, il y a, comme l'a remarqué M. Perroud, quatorze probabilités pour une qu'elle soit survenue le 2 décembre et non avant. La raison de Pardessus n'est donc pas péremptoire [4].

1. Carlusque anno insecuto, legationen ad Eudonem dirigens [amicitias]que cum eo [faciens]. Ille vero Chilperico rege [cum multis muneribus] reddit. (Fredeg. Contin., p. 174.)
Ce passage suit immédiatement la phrase déjà citée et finissant par *thesauris sublatis evexit*. M. Bruno Krusch, qui le donne seulement en note, fait observer qu'on le trouve pour la première fois dans l'édition de Duchesne.
2. Pardessus, *Chartæ, Diplomata*, I, 315; Pertz, *Dipl.*, I, n° 10, p. 97.
3. Th. Breysig, *Jahrbücher der Frankischen Reiches, 714-741, die Zeit Karl Martells*, 71.
4. Perroud, *Des origines du premier duché d'Aquitaine*, 280.

Il est, de plus, fort admissible que Chilpéric II ne soit mort qu'au commencement de 721. En effet, Dagobert II vivait encore en 721[1]. Nous savons, d'autre part, que Chilpéric II régna cinq ans et demi[2]. Notez, en outre, que son successeur Thierry régnait déjà le 20 mars 721. Cela étant, pour faire mourir Thierry en décembre 720, il faut faire commencer son règne dès le mois de juin 715. Les cinq ans et demi assignés par le chroniqueur représenteraient tout juste cinq ans et demi, pas un mois de plus. Ces données sont bien strictes pour être exactes. En les étendant tant soit peu, on arrive à placer la mort du roi, non pas en décembre 720, mais dans les deux premiers mois de 721. Dès lors, rien n'empêche de fixer la date du diplôme au 2 décembre 720, « et à plus forte raison de mettre en 720 (conformément au récit du continuateur de Frédégaire) le traité entre Eudes et Charles Martel[3]. »

Adoptons donc cette date. Quant au traité lui-même, il n'y a pas lieu de s'en étonner. Certes, Charles Martel était puissant. Il est prouvé cependant, par les événements postérieurs, que l'Aquitaine d'Eudes, comme celle de Hunald et de Gaifier, était capable d'une longue résistance. Mais il était urgent de s'accorder. Déjà les Sarrasins étaient maîtres de presque toute l'Espagne, et ils débordaient en deçà des Pyrénées.

Eudes garda-t-il le titre de roi, après la convention de 720? Rien ne le prouve. L'expression *regnum* ne reparaît qu'une seule fois dans Reginon[4], dont l'autorité n'est pas grande. Partout ailleurs, il est qualifié de *dux* et de *princeps* dans les textes authentiques. On ne connaît, d'ailleurs, aucune monnaie frappée au nom de ce personnage.

§ IX. *Siège de Toulouse par les Sarrasins* (721). — En 711, les Sarrasins entraient en Espagne. Trois ans plus tard (714), ils étaient déjà maîtres de toute la Péninsule, sauf

1. *Gesta abbatum Fontanellensium*, ap. Pertz, *Scriptores*, II, 278.
2. Regnavit annos V et dimidio. (*Gesta Regum Francorum*, c. 53.)
3. Perroud, *Des origines du premier duché d'Aquitaine*, 280.
4. Regin., *Ann.*, ad ann. 735.

la Cantabrie, où Pélage se fit proclamer roi en 717. De cet État chrétien dépendait alors la partie montagnarde de la Vasconie espagnole. La partie basse, au contraire, dut tomber d'assez bonne heure au pouvoir des musulmans.

Mousâ ibn-Noçaïr, gouverneur de l'Afrique septentrionale pour le kalife de Damas, avait fixé, dès 712, sa résidence à Cordoue. Il fut bientôt rappelé par son maître Walîd Ier, et remplacé par Abd el Aziz.

Pendant trois ans, celui-ci exerça son pouvoir dans la Péninsule, où il méditait, dit-on, de se rendre indépendant. C'est pourquoi un de ses rivaux, nommé Ayoub, le fit assassiner, et gouverna l'Espagne, en attendant la venue d'un nouveau gouverneur ou vali général, El Haur ben Abd el Rahman (Al Hor), envoyé par le kalife Solaimân, qui avait succédé à son frère Yezîd, mort en 715. El Haur exerça sa charge durant trois années, ménageant les chrétiens soumis, réprimant avec rigueur ceux de ses agents qui pillaient le trésor public. Ce vali méditait la conquête de la Gaule méridionale.

Les premiers Sarrasins qui conquirent les contrées sises le long du versant nord des Pyrénées, ne connaissaient ces montagnes que sous le nom populaire et local de Ports, dont ils avaient fait *El Bortat*. Dans leur langue, ils désignaient, par le nom d'*El Abouab* (pluriel de *Bab*, qui veut dire porte, ouverture), les défilés qui en coupent la chaîne. Pour eux, ces passages n'étaient pas l'œuvre de la nature, mais celle des hommes, qui les avaient taillés dans le roc, à l'aide du feu, du fer et du vinaigre, afin d'établir des communications auparavant impossibles entre l'Espagne et la Gaule[1].

Sur les pays qui s'étendent au delà de la chaîne de montagnes, les premiers conquérants de la Péninsule n'avaient encore que des notions fort vagues concernant la Septimanie visigothique et les duchés de Vasconie et d'Aquitaine. Ils désignaient collectivement ces contrées qui dépassent les Pyré-

---

[1]. Ahmed el Mocrî, auteur d'une histoire manuscrite d'Espagne, citée par Fauriel (*Hist. de la Gaule méridionale*, III, 65), d'après le ms. ar. 704, fol. 39 de la Bibliothèque Nationale. Dans ce passage, Ahmed el Mocrî cite un écrivain plus ancien, Ibn Saïd.

nées sous le nom de la Grande-Terre, distinguant, au besoin, la Gaule sous l'appellation de *Franjat*. Les expressions *Efrandj*, *Frandj*, désignaient à la fois les habitants de la Septimanie, de l'Aquitaine, et de la Vasconie cispyrénéenne, sans distinction de Romains et de Barbares. Pourtant les Sarrazins appelaient spécialement *Al Bascand* ia région comprise entre la Garonne et les Pyrénées. Mais revenons à El Haur.

Ce vali convoitait, pour son kalife, la Septimanie visigothique. D'urgence, il rassembla donc toutes les forces dont il disposait vers l'extrémité orientale des Pyrénées, franchit avec elles les défilés de Gérone à Elne, tomba sur les territoires de Narbonne et de Carcassonne, peut-être même sur la portion orientale de l'Aquitaine qui finissait aux Pyrénées. Les auteurs arabes affirment, en effet, qu'El Haur s'avança jusqu'à la Garonne. Nous sommes d'ailleurs sans autres informations sur les détails de cette guerre, qui ne dura pas moins de trois ans. Finalement, le chef sarrasin s'empara de Narbonne, dont il fit le chef-lieu de la domination musulmane en-deçà des Pyrénées. Tous ces événements devaient être accomplis au plus tard en 720. Sans doute, les Chroniques de Moissac et d'Aniane, qui concordent sur la date, attribuent la conquête de cette ville à El Samah, successeur d'El Haur. Mais il est prouvé, sans conteste, qu'El Samah n'exerça son pouvoir qu'à partir de 721.

Sous l'autorité de celui-ci, la discorde sévissait déjà parmi les conquérants de l'Espagne. Ils se disputaient les terres enlevées aux vaincus. Dans les montagnes des Asturies, et dans les pays limitrophes, le roi Pélage et les chrétiens résistaient, en attendant de prendre l'offensive.

Au lieu de les attaquer, El Samah aurait alors tourné ses armes contre la Septimanie et pris Narbonne. Mais, je le répète, il n'y a pas à se fier, pour le nom de ce personnage, aux Annales d'Aniane, ni à la Chronique de Moissac, et cette conquête doit être attribuée à El Haur.

L'année 721 est marquée par une entreprise, cette fois incontestable, d'El Samah contre le sud-ouest de la Gaule. Il est vrai que ce chef musulman semble avoir pris d'abord du côté du Rhône, et tâché de pénétrer dans les pays situés au levant de ce fleuve. El Samah y fut arrêté, sans doute, par la résistance des habitants. Marca suppose, avec grande vraisemblance, qu'Eudes avait secouru les Visigoths de la Septimanie contre les Sarrasins, et que le vali d'Espagne voulait l'en punir.[1]. En tous cas, il est certain que celui-ci, après avoir livré divers combats aux chrétiens, dirigea son armée contre Toulouse.

Voici, d'après les sources chrétiennes, le court récit du siège et de la bataille de Toulouse, livrée devant cette ville[2].

Eudes n'était pas encore arrivé au moment de la venue d'El Samah. Peut-être se trouvait-il à Bordeaux. Toulouse, réduite sans doute à ses habitants, organisa vigoureusement la résistance.

Après avoir formé la circonvallation de cette place et fait les approches, les musulmans en battirent les murailles, avec leurs machines de guerre. Ils employaient surtout les frondes, pour écarter les défenseurs des remparts. Rien n'y fit. Combien dura ce siège? Nul chroniqueur ne nous renseigne là-dessus. Mais tout autorise à croire qu'il fut assez long, car Eudes dut rassembler une armée puissante avant de marcher au secours des assiégés. Il attaqua les Sarrasins, leur livra bataille, et « les chassa de ses États ». Le combat se livra

---

[1]. Marca, *Marca Hispanica*, pp. 229 et s.

[2]. Jam dictus Dux (Zama) Tolosam usque prædando pervenit, atque obsidione cingens, et diversis machinis expugnare conavit. Sicque Francorum gentes de tali nuntio certi apud Ducem ipsius gentis Eudonem nomine congregantur : ubi dum apud Tolosam utrique exercitus acies gravi dimicatione confligunt, Zamam Ducem exercitus Sarracenorum cum parte multitudinis congregatæ occidunt. Reliquum exercitum per fugam elapsum sequuntur, quorum, Adirraman suscepit principatum uno per mense, donec ad principalia jura veniret Ambiza eorum Rector. (Isidor. Pacens., *Chron.* ad ann. 121.) — Ipse autem bellis plurimis Tolosam veniens obsidionis ambitu circuivit et cepit eam variis machinis impugnare, gens autem Francorum cum Eudone exercitus sui Duce in obsessorum auxilium supervenit, cumque uterque exercitus cœpisset acriter dimicare, Franci Zamam Ducem Arabum cum parte multitudinis premerunt, reliqui obsidione relicta se fugæ patrocinio commiserunt, et qui evaserunt Abderramen sibi Principem elegerunt, donec principalia jussa venirent. — (Roderic. Toletan., *Hist. Arab.*, c. 11. — Cf. Çurita, *Indic. Arag.*, ad ann. 715.)

devant la ville, en un lieu nommé *El Balat* dans les traditions arabes. La victoire demeura longtemps incertaine. Enfin, les musulmans lâchèrent pied. Les chrétiens en firent un horrible carnage. El Samah y périt. On lit dans le *Liber Pontificalis* que « les Sarrasins, dix-neuf ans après avoir conquis l'Espagne, firent tous leurs efforts, l'année suivante, pour franchir le Rhône et s'emparer de cette partie de la France, dont le duc Eudes était alors en possession; que le prince d'Aquitaine les enveloppa, les tailla en pièces, et leur tua en un seul jour, selon la relation qu'il envoya à ce pape, trois cent soixante-quinze mille hommes, en ne perdant lui-même que quinze cents Français qui demeurèrent sur place. » Le même livre porte qu'Eudes fit distribuer à ses soldats, avant le combat, de petites parcelles de trois éponges bénites, que le pape Grégoire II lui avait envoyées récemment, et que pas un de ceux qui s'en trouvèrent munis ne fut tué ni blessé [1]. Mais la vérité est qu'en 721, date de la bataille de Toulouse, Grégoire II était mort depuis deux ans. Quant au chiffre de l'armée d'El Samah, des calculs assez probables la portent à une soixantaine de mille hommes, dont le tiers arabes ou berbères. Les survivants s'ouvrirent, l'épée à la main, un passage à travers les soldats de Eudes, et se réfugièrent dans la ville de Narbonne [2], dont ils renforcèrent fort à propos la garnison.

En effet, la Septimanie se soulevait. Carcassonne, si tant est

---

1. Eodem tempore nefanda Agarenorum gens, cum iam Spaniarum provinciam per x annos tenerent peruasam, undecimo anno apud Rhodanum conabantur fluvium transire, ad Francias occupandum, ubi Eodo preerat. Qui facta generali Francorum monitione contra Sarracenos, eos circumdantes interemerunt. Trecenta enim septuaginta quinque millia uno sunt die interfecti, ut eiusdem Eodonis Francorum ducis missa Pontifici epistola continebat; mille tantum quingentos ex Francis fuisse mortuos in eodem bello dixerunt, adiiciens quod anno praemio in benedictionem a praedicto viro ei directis tribus spongiis quibus ad usum mense pontificis apponuntur, in hora qua bellum committebatur, idem Eodo, Aquitaniae princeps, populo suo per modicas partes tribuens ad sumendum eis, unus vulneratus est, nec mortuus ex his qui participati sunt. (*Liber Pontificalis*, édit. Duchesne, I, 401).

2. *Chron. Moissac.*, ap. Bouquet, II, 654.

qu'elle ait jamais été prise par El Samah, retournait au pouvoir des chrétiens. Dans la partie montagnarde des diocèses de Narbonne et d'Elne, les habitants refusaient le tribut aux Sarrasins. Les envahisseurs n'avaient plus, en Septimanie, que les tours et les remparts de Narbonne.

D'après Isidore de Béja, Eudes aurait poursuivi les musulmans durant leur retraite. En ce cas, la poursuite fut molle, ou entreprise avec des forces insuffisantes. Une armée nombreuse aurait certainement rejeté les Sarrasins, démoralisés, au-delà des Pyrénées.

On lit dans la Vie de saint Théodard, archevêque de Narbonne, que les Sarrasins s'emparèrent de Toulouse grâce à la trahison des Juifs établis en cette ville. C'est pourquoi il fut longtemps d'usage, à Toulouse, de souffleter publiquement un Juif. Le fait du souffletage est certain; mais il n'a pas l'origine que lui attribue le biographe de saint Théodard.

Sur le siège et la bataille de Toulouse, les auteurs arabes sont bien moins précis que les chroniqueurs chrétiens. Dans leurs écrits, le lieu de la bataille est désigné sous le nom d'*El Balat*. Ils ne donnent pas le chiffre de leurs morts, ou, comme ils disent, de leurs martyrs. En revanche, ils confessent hautement la défaite, et en indiquent le jour, marqué pour les musulmans d'un caractère funèbre. C'est l'historien Ibn Haiyân qui nous en donne le tableau le plus sombre. Il semble bien dire que de son temps, c'est-à-dire quatre ou cinq siècles après l'événement, le jour de la commémoraison de ce désastre était encore célébré comme une fête solennelle. Ibn Haiyân va même jusqu'à dire que pas un seul Sarrasin n'échappa à la mort en combattant contre les Francs[1]. C'est une exagération. Les auteurs chrétiens attestent, en effet, qu'une partie des compagnons d'El Samah échappa à l'ennemi, et réussit à gagner Narbonne. Ainsi s'exprime notamment la Chronique de Moissac[2], particulièrement précieuse pour tout ce qui con-

---

1. Ahmed el Mocri (cité par Fauriel, *Hist. de la Gaule mérid.*, III, 80), Bibl. Nation., ar. n° 405, fol. 3.
2. *Chron. Moisac.*, ap. Bouquet, II, 654.

cerne les guerres et invasions des musulmans en-deçà des Pyrénées.

A peine arrivés à Narbonne, les Sarrasins échappés au désastre de Toulouse se choisirent un vali provisoire, à la place d'El Samah. Ce fut un homme de haute valeur et de grand courage, Abd el Rahman el Gafeki, vulgairement désigné par nos historiens sous le nom d'Abdérame, qui avait combattu vaillamment devant Toulouse. En toute diligence, Abdérame expédia des messagers en Espagne, pour y exposer le triste état des musulmans en Septimanie. Avant de partir en guerre, El Samah avait désigné pour son lieutenant Anbasa ben Sohim, qui rassembla vite des troupes, et les dirigea à marches forcées sur Narbonne. Ainsi, Abdérame put maintenir la domination sarrasine en Septimanie.

Depuis cinq à six ans, Anbasa ben Sohim administrait habilement la Péninsule. On lui attribue, en l'année 725, une expédition dans laquelle il aurait soumis tout le pays qui s'étend depuis l'Aude jusqu'au Rhône. Selon certains annalistes, il aurait aussi, la même année, occupé la ville de Rodez[1], dont l'aurait chassé le duc d'Aquitaine. Deux historiens du Rouergue, l'abbé Bosc et le baron de Gaujal[2], invoquant un manuscrit de Bernard, écolâtre d'Angers, affirment néanmoins qu'à cette époque les musulmans n'évacuèrent pas complètement le Rouergue. Ils se seraient réfugiés au château de Balaguier, d'où ils sortaient pour piller les contrées avoisinantes. Mais ces assertions sommaires auraient grand besoin d'être confirmées.

Anbesa ben Sohim dut mourir vers 725. Conde affirme qu'il périt au delà du Rhône, en Provence, dans un long et sanglant combat contre les chrétiens que le duc Eudes était venu secourir[3]. Mais l'affirmation de cet annaliste ne repose certes

1. Coint., *Ann. eccles.*, ad ann. 725.
2. Abbé Bosc, *Mémoires pour servir à l'histoire du Rouergue*, I, 109; — De Gaujal, *Études historiques sur le Rouergue* (édit. de 1858), II, 18.
3. Conde, *Historia de la dominacion de las Árabes en España*, 22. — Cet auteur a été vivement critiqué par un arabisant de grand mérite, mon défunt correspondant R. Dozy. C'est pourquoi j'ai pris les précautions

pas sur des textes inattaquables. Par contre, nous devons tenir pour certain que, vers l'époque où Anbesa ben Sohim gouverna la Péninsule, le roi Pélage gagna quelque terrain sur les musulmans, et recula les limites de son État jusque vers le cours du Duero. Mais je ne veux pas m'engager plus avant dans le récit de faits postérieurs à la bataille de Toulouse, et je retourne à mon exposé, suivant l'ordre chronologique.

§ X. *Irruption incertaine des Sarrasins en Aquitaine* (729). — Un chroniqueur du temps, Bède, raconte qu'en 729 les musulmans dirigèrent vers l'Aquitaine une irruption, sur laquelle nous sommes d'ailleurs sans détails. Il est néanmoins permis de supposer, d'après ce témoignage que, sous le gouvernement d'El Haïtam, les Sarrasins envahirent le sud de la Gaule et y firent des ravages.

D'après Bède, ils « furent défaits peu de temps après dans la même province[1]. » Il est donc probable que les envahisseurs eurent affaire alors au duc Eudes. On sait que Bède écrivait encore en 731, c'est-à-dire vers l'époque de la bataille de Poitiers. Il n'est donc pas probable que cet auteur ait ici voulu parler de la victoire de Charles Martel sur les Sarrasins. Son *Historia ecclesiastica* va jusqu'en 731. Pour rejeter le passage précité, il faudrait admettre qu'il a été interpolé dans le texte. Or, je ne vois pas ce qui pourrait autoriser une pareille supposition [2].

§ XI. *Eudes fait la paix avec les Sarrasins* (731). — En mourant, Anbesa ben Sohim avait désigné pour son lieutenant

---

nécessaires, tantôt pour citer Conde avec confiance, tantôt pour lui laisser la responsabilité de ses opinions.

1. Quo tempore (ann. DCCXXIX) gravissima Sarracenorum lues Gallias misera clade vastabat, et ipsi non multo post in eadem provincia dignas suæ perfidiæ pœnas luebant. (Bed., *Hist. eccles. Gentis Anglorum*, l. V, c. xxiii (édit. Giles, Londres, 843), vol. III, p. 292.)

2. Sur ce point V. Mabillon, *Acta SS. O. S. Bened.*, sæc. III, p. 526; Pagi, *Ann.*, ad ann. 732.

provisoire Hodaïr, qui bientôt resigna ses pouvoirs aux mains de Yahiâ ben Salema, envoyé dans la Péninsule par le gouverneur d'Afrique. D'après Conde, celui-ci aurait inauguré son commandement en conduisant son armée dans les Pyrénées, où il ramena les Vascons espagnols à l'obéissance [1]. Mais cette assertion n'est aucunement appuyée de preuves satisfaisantes.

Yahiâ ben Salema fut temporairement remplacé par Othmân ben Ali Nesâ, surnommé Munuz ou Munuza. Puis il reprit le pouvoir, et dût le repasser, six mois plus tard, à Haïtham, qui se rendit vite odieux, par son avarice et ses cruautés. Le kalife Hacam lui donna pour successeur Abdel Rahman el Gafeki, qui est, je le répète, l'Abdérame des chroniques franques dont j'ai déjà parlé plus haut, et qui dut entrer en fonctions vers 729.

Malgré ses victoires sur les Sarrasins, malgré sa situation de chef des chrétiens dans le midi de la Gaule, Eudes n'envisageait pas l'avenir avec confiance. Du côté de la Loire, Charles Martel le menaçait déjà très sérieusement. En Espagne, Abdérame préparait déjà contre les Francs la formidable invasion de 732. C'est pourquoi le duc d'Aquitaine chercha des alliances du côté des musulmans.

Abdérame avait mécontenté plusieurs chefs sarrasins, et notamment Othmân Abi Nessâ, ou Munuza. En Espagne, les conquérants se partageaient alors en deux factions ennemies : les Arabes exploiteurs, et les Berbères exploités. Sur ces derniers s'appuyait surtout Abi Nessâ, qui voulait s'emparer du gouvernement de la Péninsule, ou tout au moins se faire entièrement maître et seigneur du pays où il commandait. Cette idée lui vint probablement à Llivia, qui fut peut-être sa résidence habituelle. Llivia était alors la principale ville de la Cerdagne.

Abi Nessâ était fort redouté des chrétiens de toute la frontière des Pyrénées. Contre ceux du voisinage il avait conduit diverses expéditions. Isidore de Béja l'accuse d'avoir fait brûler vif un évêque nommé Anambadus [2], dont il n'indique,

---

1. Conde, *Hist. de la dom. de los Árabes en España*, 1, 23.
1. Isidor. Pacens., *Chron.*, ad ann. 731.

d'ailleurs, ni le pays ni le diocèse. Tout porte à croire que les troupes aux ordres de ce chef se composaient principalement de Berbères, sur lesquels il pouvait compter beaucoup plus que sur les Arabes. Mais cela ne suffisait pas à l'accomplissement de ses desseins. C'est pourquoi il s'assura l'appui du duc d'Aquitaine. Ils conclurent une alliance. Pour la garantir pleinement, le chef musulman épousa la fille d'Eudes, nommée Lampagie. C'était une femme de grande beauté, et Abi Nessâ en devint grandement amoureux.

A défaut de textes précis, il est cependant permis de supposer que le gendre du duc d'Aquitaine ne disposait pas des forces nécessaires pour se rendre indépendant. Il devait donc compter, au besoin, sur celles de son beau-père. Ainsi, l'influence du duc d'Aquitaine se trouvait étendue, dans la Péninsule, jusqu'à la vallée de l'Èbre. La Septimanie perdait dès lors ses communications avec Cordoue, et Eudes pouvait s'en emparer sans grand effort.

Ce duc se ligua donc avec Abi Nessà, et lui donna en mariage sa fille Lampagie. Les chroniqueurs favorables à Charles Martel et à sa lignée, ont voulu voir dans ce fait une véritable trahison de la cause chrétienne, et ils ont accusé le duc d'Aquitaine d'avoir ainsi préparé, en attendant de la provoquer bientôt, la grande irruption de 732. Ces imputations ne soutiennent pas l'examen. Eudes et Abi Nessâ ne cherchaient qu'à se fortifier mutuellement. Telle est l'opinion de divers auteurs, et notamment celle de Roderic de Tolède, un bon juge en ces matières [1]. J'estime qu'elle doit prévaloir. Eudes ne trahit donc pas les chrétiens. D'ailleurs, le passage précité du *Liber Pontificalis*, et d'autres textes à citer plus bas, montrent assez que ce duc ne fut jamais compté comme un ennemi de l'Église.

§ XII. — *Guerre entre Eudes et Charles Martel* (731). — J'ai déjà montré plus haut que le passage de la légende de

[1]. Nuper Eudo præpositus Gallicorum huic Muniz filiam suam causa fœderis in conjugio copulavit, et ad suos libitus tradidit inclinandam, ob persecutionem Arabum differendam. — (Roderic. Toletan., *Hist. Arab.*, c. 13.)

saint Austregisile concernant la guerre faite en Berry, entre le duc Eudes et Charles Martel, ne mérite aucune confiance. Interrogeons donc les textes authentiques.

En 730, Charles Martel était quitte désormais de ses expéditions au delà du Rhin. Il avait vaincu et soumis les Saxons, les Allemands, les Souabes, les Bavarois. Pour occuper ses soldats, et pour grossir le nombre de ses partisans, il se tourna contre le duc Eudes. Telle fut la véritable cause de la guerre. Mais, pour mettre les apparences de son côté, le Maire du Palais se plaignit qu'Eudes manquait à ses engagements. Pourtant les chroniqueurs dévoués aux carlovingiens ne précisent aucun grief sérieux contre lui. Ils prétendent que le duc d'Aquitaine armait en secret contre Charles Martel, et que celui-ci ne fit que le prévenir. Mais est-il admissible que Eudes, alors serré de si près par les Sarrasins, ait choisi juste ce moment pour s'exposer à un tel péril? Quoi qu'il en soit, ce duc, sommé de réparer ses prétendus torts, déclara n'en avoir aucun, et la guerre fut décidée.

Au printemps de 731, le Maire du Palais avait rassemblé son armée. Le duc d'Aquitaine accourut pour lui faire tête. Mais « Charles passa la Loire, mit Eudes en fuite, fit beaucoup de butin et retourna dans son pays après avoir ravagé l'Aquitaine deux fois dans cette année[1]. »

Voilà tout ce que le continuateur de Frédégaire nous apprend sur la lutte de Charles Martel et d'Eudes, en 731. Les chroniqueurs qui se sont inspirés de son récit s'expriment, là-dessus, d'une façon plus vague encore. Il faut donc s'en tenir au principal témoignage. On remarquera, dans le

---

1. Per idem tempus Eodone (*var.* Eudone) duce a iure foederis recedente. Quo comperto per internuntios, Carlus princeps, commoto exercito, Liger fluvium transiens. ipso duce Eodone fugato, praeda multa sublata, remeatur ad propria. Eodo (*var.* Eode) namque dux cernens se superatum atque derisum, gentem perfidam Saracinorum ad auxilium contra Carlum principem et gentem Francorum excitavit. Egressique cum suo regi Abdirama nomine Geronna (*var.* Garonnam) transeunt, Burdigalensem (*var.* Burdigalennë) urbem pervenerunt, etc. (Contin. Fredeg., dans les *Monum. Germ. histor.*, Script. rer. Merov. II, 175).

texte de deux de ces vieux annalistes, que je cite en note [1], l'expression *Wasconiam*. Sans aucun doute, ce nom désigne ici le duché d'Aquitaine, et non celui de Vasconie. Il est, en effet, abondamment prouvé que, depuis la seconde moitié du septième siècle au plus tard, les véritables Vascons formaient la force principale des armées des ducs d'Aquitaine. C'est pourquoi les chroniqueurs du nord de la Gaule désignent souvent l'Aquitaine et ses habitants sous les noms de **Wasconia** et de **Wascones**. Il ne faut donc pas induire de là que Charles Martel, dans sa lutte contre Eudes, poussa jusque dans le duché de Vasconie. Ce pays avait d'ailleurs ses ducs particuliers, subordonnés à ceux d'Aquitaine. En fait, ces derniers exerçaient, dans le nord-ouest de la Gaule, une autorité comparable à celles des Maires du Palais.

§ XIII. *Abdérame réprime la révolte d'Abi Nessâ* (731). — Tandis qu'Eudes s'avançait, avec ses troupes, contre celles de Charles Martel, Abdérame arrivait au pied des Pyrénées, avec des forces considérables, pour y châtier le rebelle Abi Nessâ.

La conspiration de ce personnage, dit Isidore de Béja, éclata durant l'année 731. Pourtant, elle ne prit pas Abdérame au dépourvu. En vue de sa grande entreprise contre la Gaule, il faisait venir d'Égypte et d'Afrique force soldats, dont beaucoup étaient déjà rendus en Espagne. A leur tête, il marcha rapidement vers les Pyrénées [2]. Le rebelle se hâta de s'enfermer dans Llivia, comptant bien se défendre dans cette place jusqu'à l'arrivée des secours attendus du duc d'Aquitaine. Mais l'avant-garde d'Abdérame le serrait de si près, qu'il

1. Karlus invasit Wasconiam. (*Ann. Nazar.*, ad ann. 735. ap. Bouquet, II. 640.) — Exinde exercitum commovet contra Eudonem Aquitanorum Ducem, ivitque in Wasconiam fugato Eudone. (Adon. *Chron.*, ad ann. 731, ap. Bouquet, II, 671.)

2. Conde, *Hist. de la dominacion de los Árabes en España*, I, 24, fournit, sur la foi d'un auteur arabe, un récit de cette expédition qui diffère sur plusieurs points de celui d'Isidore de Béja. Je donne pourtant la préférence à ce chroniqueur, généralement plus grave et mieux informé que les auteurs arabes.

ne put préparer la moindre défense. En toute hâte, il gagna les montagnes voisines, avec quelques serviteurs, et sa femme Lampagie. Tout d'un trait, ils se réfugièrent dans une gorge sauvage et retirée. Les fugitifs s'y croyaient en sureté. Ils firent donc halte, pour se délasser et pour boire, au pied d'une haute cascade. Mais les soldats d'Abdérame approchaient. Aussitôt, les serviteurs d'Abi Nessâ prirent la fuite. Lampagie était trop lasse pour les suivre. Son mari resta pour la défendre, mais les ennemis étaient trop nombreux. Isidore de Béja raconte que, pour ne pas tomber vivant entre leurs mains, Abi Nessâ se précipita du haut d'un rocher. D'après un chroniqueur arabe, il mit l'épée à la main, et se fit tuer de vingt coups de lance en défendant Lampagie [1]. La tête du rebelle fut aussitôt portée à Abdérame, et on lui amena Lampagie. Le gouverneur d'Espagne la trouva si belle, qu'il l'envoya à Damas, pour le harem de son maître le kalife.

§ XIV. *Grande expédition d'Abdérame dans la Gaule* (732). — On n'est pas d'accord sur la date de l'expédition, qu'il faut probablement fixer au printemps de l'année 732.

De l'ensemble des textes plus bas cités, il résulte clairement que le premier pays envahi fut le duché de Vasconie. Mais par quels Ports les Sarrasins débouchèrent-ils en ce pays ?

D'après Reinaud, le gouverneur d'Espagne et ses nombreuses troupes, entrèrent dans la Gaule franque « par les vallées du Bigorre et du Béarn [2] ».

Certes, voilà des lieux de passage aussi mal choisis que possible. Les précédents, conformes aux idées de sens commun, attestent, en effet, que toutes les expéditions militaires d'Espagne en France, et de France en Espagne, ont toujours eu lieu par les ports et passages des Pyrénées orientales et occidentales, qui sont à la fois les moins élevés et les moins hérissés d'obstacles; mais en Bigorre, et même en Béarn, la chose n'est pas admissible. Il est certain qu'à l'heure présente, et malgré

---

1. Conde, I. 24.
2. Reinaud, *Invasions des Sarrazins en France*, 41.

les améliorations récemment obtenues sur l'état précédent, on ne passe d'Espagne en France que par un fort petit nombre de cols, dont quelques-uns seulement sont traversés par des routes muletières, et les autres par de simples sentiers de piétons. Or, le Port de Barroude est à 2,791 mètres, celui de Pinede à 2,438, la Brèche dite de Roland à 2,804, le Pic du Port à 2,486, celui de la Palaube à 2,508, de la Peyre-Saint-Martin à 2,295. Ainsi, pas moyen pour une armée venant d'Espagne d'entrer en Gaule par le Bigorre. Au couchant de ce pays commence la vallée béarnaise d'Ossau avec les routes muletières passant par le Col de Sobe, à 2443 mètres ; par le Port-Vieux de Sallent, à 1,847 ; par le Col d'Aneu, à 1,897. A l'ouest de la la vallée d'Ossau s'en trouve une autre, également béarnaise, celle d'Aspe. Une inscription romaine, gravée sur le rocher[1], à la Pene d'Escot, atteste, ainsi que l'Itinéraire d'Antonin, qu'une voie (muletière) passait par *Summus Pyreneus*, c'est-à-dire par le Somport ou Port d'Urdos, situé à 1,632 mètres d'altitude ; c'est la *Porte de Djaca* (Jaca), dont la parle le géographe arabe Edrisi. Là, depuis quelques années, route muletière est devenue praticable aux voitures et charrettes légères, durant la belle saison. Elle conduit d'Urdos à Jaca.

Ainsi, les Sarrasins d'Abdérame n'ont pu entrer en Gaule par le duché de Vasconie en franchissant les Ports du Bigorre et du Béarn oriental. Ils prirent donc, mais en sens contraire, par les Cols moins difficiles du Béarn occidental, de la Soule, de la Basse-Navarre et du Labourd, franchis par les Vandales, les Suèves et les Alains en 410, par les Visigoths en 414, par les Francs de Childebert et de Clotaire en 542, et plus tard par les armées de Charlemagne (778) et de Louis le Débonnaire (812 et 824). Toujours d'après Reinaud, les envahisseurs marquèrent leur passage par d'effroyables dévastations. Les églises furent brûlées, les monastères détruits, les habitants massacrés. Alors périrent les abbayes de Saint-Savin et de Saint-Sever de Rustan. Les pays d'Aire, Bazas, Oloron furent ruinés[2].

1. Bladé, *Épigraphie antique de la Gascogne*, n° 168.
2. Reinaud, *Invasions des Sarrazins en France*, 41.

Une partie des dires de Reinaud repose assurément sur des textes respectables[1]. Mais, lequel atteste donc qu'alors furent si maltraités, dans la Vasconie cispyrénéenne, les monastères et cités dont parle Reinaud?

Pour les abbayes de Saint-Savin-de-Lavedan et de Saint-Sever-de-Rustan, sises toutes deux dans le diocèse de Tarbes, c'est tout bonnement le *Gallia christiana*[2]. Il y est dit, sans aucune preuve à l'appui, que la première fut ruinée par les musulmans, de même que la seconde, qu'aurait restaurée Charlemagne. Pourtant, il est assez notoire que les couvents, pour se constituer une noblesse ecclésiastique, ont souvent exagéré leur antiquité, et affirmé gratuitement leurs illustres origines. Ainsi, plusieurs prétendaient, dans notre Sud-Ouest, remonter à Clovis Ier. Mais j'ai montré, dans un précédent travail, la fausseté de ces dires. Semblablement, et dans un but analogue, d'autres couvents se vantaient, et toujours sans preuves, d'avoir été, les uns détruits par les Sarrasins et restaurés par Charlemagne, les autres simplement fondés par ce prince. Mais la vérité est que les premiers abbés de Saint-Savin-de-Lavedan et de Saint-Sever-de-Rustan, Arsius et Eneco à Raimundo, vivaient, le premier en 1006, et le second vers 944. Et comme ces abbayes sont situées dans le diocèse de Tarbes, autrement dit dans le Bigorre, Reinaud s'est cru ainsi suffisamment autorisé à faire entrer les musulmans en Gaule par les ports bigorrais. Le *Gallia Christiana* explique, en outre, l'interruption des séries épiscopales à Aire[3], à Ba-

---

[1]. Abderahmen proposuit interiorem Galliam penetrare, et Eudonem prosequi non desistens, per Petragoricam, Santonicam et Pictaviam civitates, oppida et ecclesias devastando et igne continuo consumendo, diruit et consumpsit. (Roderic. Toletan., *Hist. Arab.*, c. xiv.) — Tunc, Abderraman multitudine sui exercitus repletam prospiciens terram, montana Vaccæorum dissecans, et fretosa ut plana per calcans, terras Francorum intus expeditat. (Isidor. Pacens. *Chron.*, ad ann. 732, ap. Bouquet II, 731.) — Abderaman, Rex spaniæ, cum exercitu magno sarracenorum, per Pampelonam et montes Pireneos transiens Burdigalem civitatem obsidet. (*Chron. Moissacens.*, ad ann. 732, ap. Bouquet, II, 655.)

[2]. *Gall. christ.*, I, 1241-52.

[3]. *Gall. christ.*, I, 1149.

zas¹, à Beneharnum ou Lescar² et à Oloron. Pour les trois premières de ces villes, notre arabisant continue visiblement à s'inspirer du *Gallia christiana*, qui pourtant ne dit rien de pareil pour Oloron ³. Mais, je l'ai déjà montré ailleurs, ces prétendues lacunes dans les séries épiscopales et dans les diocèses des duchés d'Aquitaine et de Vasconie aux septième, huitième et neuvième siècles ne se sont pas réellement produites. Il n'y a donc pas lieu d'accepter ici ce que Reinaud avance sur la foi d'autrui, soit en ce qui concerne les Ports où passèrent les Sarrasins, soit en ce qui a trait à la destruction de quelques monastères et cités de la région comprise entre les Pyrénées et la Garonne. Rien n'empêche, d'ailleurs, de supposer raisonnablement qu'une portion de l'armée sarrasine avait pris par les défilés des Pyrénées-Orientales, et rallié le gros des forces d'Abdérame dans le duché de Vasconie, en prenant par la Septimanie.

Mais, pour en revenir aux cités d'Aire, de Bazas, d'Oloron et de Béarn, les indications que Reinaud donne comme une certitude sont absolument inadmissibles. Nous savons, en effet, qu'à l'époque du Bas-Empire Aire, Bazas et Oloron étaient fortifiés. Benearnum devait l'être aussi, bien que nous n'en ayons pas la preuve irrécusable. Or, l'armée sarrasine, composée surtout de cavaliers et de troupes légères, ne traînait certainement après elle aucun matériel de siège. Mais alors, comment s'emparer des cités, à moins de surprise ou de trahison.

Le *Gallia Christiana* ne dit pas qu'Eauze ait péri de la même façon, et il attribue aux Normands la destruction de cette ville ⁴. Cette assertion, qui vient de Dom Brugeles ⁵, est absolument gratuite. On l'a répétée maintes fois. Mais la vérité est qu'Eauze se trouve mentionnée dans la description consacrée par l'Anonyme de Ravenne à la *Spanoguasconia*,

1. *Id. Ibid.*, 1192.
2. *Id. Ibid.*, 1286-87.
3. *Id. Ibid.*, 1264.
4. *Gall. christ.*, 1, 977.
5. Dom Brugeles, *Chron. eccles. du dioc. d'Auch*, 48.

autrement dit au duché de Vasconie : *In qua Spanoguasconia... Elusa, etc.* Or, cette description, et celle de la *Guasconia* ou duché d'Aquitaine, sont de la plus basse époque mérovingienne, et par conséquent postérieures à la bataille de Poitiers (732). Donc, Eauze ne fut pas détruite par les Sarrasins. Nous avons d'ailleurs la preuve que cette ville était fortifiée avant d'être détruite par les Normands. Ses remparts remontaient donc à l'époque romaine. Il en est, en effet, parlé dans une lettre de 946, adressée par Bernard, archevêque d'Auch, au pape Agapet II. Les lacunes regrettables de ce texte ne permettent d'ailleurs aucun doute sur le point qui nous intéresse [1]. Mais revenons à la marche des Sarrasins à travers l'Aquitaine et la Vasconie.

Rien n'atteste que les envahisseurs aient rencontré de sérieux obstacles des Pyrénées à la Garonne. Selon toute apparence, Eudes avait pris position à Bordeaux ou aux environs, sur la rive droite du fleuve [2]. Cet obstacle n'arrêta pas

1. Elsana civitate muros fundatos et lateres. (Dom Brugeles, *Chron. ecclés. du dioc. d'Auch*, Preuves de la Première partie., 14.)
2. Saraceni ab Eudone in auxilium suum vocati cum rege suo Abdirama Garonnam Burdigalemque perveniunt, cunctis locis vastatis, et ecclesiis igne concrematis basilicam usque Sancti Hilarii Pictavis perveniunt. (Ann. Pith.) — Eodo namque dux cernens se superatum atque derisum, gentem perfidam Saracinorum ad auxilium contra Carlum principem et gentem Francorum excitavit. Egressique cum rege suo Abdirama nomine Geronna (*var.* Geronnam, Garonnam), transeunt Burdigalensem urbem pervenerunt, ecclesiisque igne concrematis, populis consumptis usque Pictavos progressus est, ubi basilica Sancti Hilarii igne concremata, quod dici dolor est, ad domum beatissimi Martini evertendam destinant, contra quos Carlus princeps audacter aciem instruit, super eosque belligerator inruit, Christo auxiliante, tentoria eorum subuertit, ad proelium stragem conterendum accurrit, interfectoque rege eorum Abdirama prostravit, exercitum proterens, dimicauit atque devicit, sicque victor de hostibus triumphavit (Contin. Fredeg., dans les *Monum. Germ. histor.*, Script. rer. Merov., II, 175). — Anno DCCXXXII. Abderaman Rex Spaniæ cum exercitu magno Sarracinorum per Pamplonam et montes Pireneos transiens, Burdigalem civitatem obsidet. Tunc Eudo, Princeps Aquitaniæ, collecto exercitu, obviam eis exiit in prælium super Garonna fluvium. Sed inito prælio Saraceni victores existunt : Eudo vero fugiens, maximam partem exercitus sui perdidit : et ita demum Sarraceni Aquitaniam deprædare cœperunt. Eudo vero ad Karolum Fran-

les musulmans. Alors, se livra une bataille dont on ne sait rien, sinon que la quantité des chrétiens tués y fut immense. Dieu seul sait, dit Isidore de Béja, le nombre de ceux qui y périrent. Abdérame s'empara de Bordeaux, dont les églises furent brûlées et quantité d'habitants massacrés. Ainsi écrivent, du moins, certains annalistes chrétiens. Mais la Chronique de Moissac, Isidore de Béja, et les historiens arabes, n'attestent rien de pareil. Parmi ces derniers, il en est qui laissent entendre que l'assaut fut des plus sanglants. Un grand personnage, incomplètement désigné par son titre de comte, y fut tué. Sans doute ce devait être le comte de la cité, que les musulmans prirent pour le duc Eudes. Ils lui coupèrent la tête. Voilà du moins le récit de Conde [1], à qui j'en laisse toute la responsabilité. Au dire des annalistes arabes, le pillage fut si fructueux, que chaque soldat aurait eu pour sa part, sans compter l'or, force topazes, hyacintes et émeraudes [2]. Il n'y a pas à croire un mot de cela ; mais le fait est que les vainqueurs repartirent chargés de butin.

Non loin de Libourne, dit Reinaud, ils détruisirent le monastère de Saint-Émilion, et à Poitiers l'église de Saint-Hilaire. Mais la vérité est qu'en ce qui concerne Saint-Émilion Reinaud n'a d'autre garantie que l'assertion gratuite du *Gallia christiana* [3]. Or, j'ai déjà montré, à propos des abbayes de Saint-Savin de Lavedan et de Saint-Sever de Rustan, ce que valent les assertions de ce genre. Et puis, le premier abbé connu de Saint-Émilion est Aimon, qui vivait vers 1110 [4].

Abdérame avait résolu de marcher sur Tours, de s'emparer de cette ville, et de piller notamment le riche trésor de l'ab-

---

corum Principem veniens, postulavit ci auxilium. (*Chron. Moissac*, ap. Bouquet, II, 655). — D'après Isidore de Béja, Eudes aurait attendu les Sarrasins au passage de la Garonne ou de la Dordogne : « Ut prælium ab Eudone ultra fluvios nomine Garona vel Dornonia præparato. » (Isidor. Pacens., *Chron.*, ap. Bouquet, II, 721.)

1. Conde, *Historia de la dominacion de los Árabes en España*, I, 25.
2. Ahmed et Mocri (cité par Fauriel, *Hist. de la Gaule mérid.*, III, 122), Bibl. Nat., ms. ar. 704.
3. *Gall. Christ.*, II, 882.
4. *Id.* II, 883.

baye. Il concentra donc ses forces, et arriva devant Poitiers, dont il trouva les portes fermées. Le chef musulman ne put s'emparer que d'un faubourg, où se trouvait la célèbre basilique de Saint-Hilaire, qui fut saccagée, ainsi que les maisons. Cela fait, les Sarrasins y mirent le feu, et reprirent leur marche dans la direction de Tours.

Cependant le duc Eudes, aussitôt après sa défaite, s'était hâté d'aller à Paris, auprès de Charles Martel, pour réclamer son secours[1]. Celui-ci promit tout, mais à des conditions dont l'étude des événements postérieurs nous montre assez la rigueur.

Abdérame était encore sous les murs de Tours, ou tout proche, quand il apprit que Charles Martel et ses Francs s'avançaient à grandes journées. Aussitôt, il leva le camp et recula jusqu'aux environs de Poitiers, serré de près par l'ennemi, gêné par ses bagages, par le grand nombre de ses captifs, et par son copieux butin. Le ravage de l'Aquitaine durait depuis environ trois mois.

Pendant huit jours, les chrétiens et les musulmans s'observèrent, sans rien tenter que de légères escarmouches. Enfin, les deux armées s'abordèrent. Roderic de Tolède, qui écrivait d'après les auteurs arabes, place non loin de Tours le théâtre de l'action[2]. Au contraire, la Chronique de Moissac, contemporaine de l'événement, désigne un faubourg de Poitiers[3]. Quelques auteurs fixent en 731 la date de cet événement; mais la plupart le retardent jusqu'à l'année suivante.

Donc, la bataille s'engagea. Les Sarrasins lancèrent d'abord leur cavalerie; mais elle vint se briser contre les chrétiens, compacts et solides comme une muraille. Tout à coup, le camp musulman fut envahi par un détachement d'Aquitains, dirigés peut-être par le duc Eudes. Voilà du moins ce qu'on peut inférer d'un passage de Paul Diacre[4]. Certains savants

1. Isid. Pac., *Chron.* ad ann. 731.
2. Conde, *Historia de la dominacion de los Árabes en España*, I, 87.
3. Chron. Moissac., ad. ann. 732, ap. Bouquet, II, 653.
4. Eo tempore gens Saracinorum in loco qui septem dicitur ex Africa transfretantes, universam Hispaniam invaserunt. Deinde post decem annos

ont pourtant affirmé très gratuitement qu'il s'agit peut-être ici, non de la bataille de Poitiers, mais de celle de Toulouse, livrée en 721. Je ne perdrai pas mon temps à discuter cette opinion.

Toujours est-il qu'à la nouvelle de leur camp envahi par les chrétiens, les cavaliers musulmans s'élancèrent à la défense de leur butin. Vainement Abdérame accourut, pour rétablir l'ordre. Il tomba sur le champ de bataille. Dès lors, le désarroi fut grand parmi les Sarrasins. Ils parvinrent pourtant à délivrer leur camp; mais la plupart d'entre eux avaient péri dans ce combat.

La nuit vint. Charles Martel comptait recommencer le lendemain. Mais les Sarrasins, terrifiés, avaient profité des ténèbres pour s'enfuir vers le Midi, sans même emporter leur butin. Le chef des Francs fit occuper le camp ennemi, dont il distribua les richesses à ses soldats; mais, sans doute, il ne jugea pas prudent de poursuivre l'ennemi dans sa retraite.

Il importe de faire observer que, parmi les chroniqueurs musulmans et chrétiens, la bataille de Poitiers est fréquemment confondue avec celle de Toulouse, livrée en 721. Aussi, a-t-on transporté à celle-ci les circonstances de la première. Comme le fait observer Fauriel, « dans divers écrivains arabo-espagnols, les deux batailles sont désignées par le même nom, celui de *Balat el Choada* (le pavé, la chaussée des martyrs); mais le plus probable, c'est que cette désignation a été primitivement celle de la bataille de Toulouse, et qu'elle doit y être restreinte.

§ XV. *Retour des Sarrasins en Espagne* (732). — Divers annalistes de l'Aquitaine affirment qu'en rebroussant chemin,

cum uxoribus et parvulis venientes, Aquitaniam Galliæ provinciam, quasi habitaturi ingressi sunt. Carolus siquidem cum Eudone Aquitaniæ principe tunc discordiam habebat. Qui tamen in unum se conjungentes, contra eosdem Saracenos pari consilio dimicarunt. Nam irruentes Franci super eos trecenta septuaginta millia Saracenorum interemerunt. Ex Francorum vero parte milla et quingenti tantum ceciderunt. Eudo quoque cum suis super castra eorum irruens, pari modo multos interficiens. omnia devastavit. — (Paul. Diacon., *Historic. de gest. Langobard.*, l. VI, c. 46.)

les musulmans exercèrent encore de grands ravages, brûlant les monastères situés sur leur parcours, et massacrant les chrétiens. Tout porte à croire que cela dût, en effet, arriver souvent. Il ne faudrait pourtant pas se fier démesurément là-dessus aux biographes de l'abbé saint Pardoux (*Pardulphus*), protecteur de la ville de Guéret. Labbe[1], les Bollandistes[2], et Mabillon[3], ont publié sur cet abbé des textes anciens, dont n'a pas voulu se contenter Coudert de Lavillatte. Dans la ***Vie de saint Pardoux***, par lui publiée à Guéret, en 1853, se trouvent : 1° un texte latin tiré d'un manuscrit du dixième siècle, conservé à la Bibliothèque Nationale sous le n° 5240, et que certains érudits n'ont pas craint de faire remonter au huitième siècle; 2° un autre texte aussi latin, remontant au douzième siècle, d'après Lavillatte, tiré d'un manuscrit du treizième, n° 5363 de la Bibliothèque Nationale; 3° l'Office de saint Pardoux, imprimé à Guéret en 1635. M. Antoine Thomas m'a fait remarquer qu'il existe des différences entre le manuscrit n° 5240 et l'impression que Coudert de Lavillatte en a donnée. Je n'en trouve pas moins celle-ci préférable aux précédentes, et je ne vois, en outre, aucun inconvénient à m'en servir, soit ici, soit ailleurs, dans mes recherches sur l'histoire du sud-ouest de la Gaule.

Or, on lit dans la plus ancienne Vie de saint Pardoux : « A une autre époque, lorsque les Ismaëlites (*Ismaelitana gens*), se furent emparés de la ville de Poitiers (*Pictavensem urbem*), l'illustre Maire du Palais Charles (*Carolus*), s'avança pour les combattre avec l'armée des Francs. Il remporta la victoire, culbuta l'ennemi, reprit le butin, et délivra les prisonniers. Alors, un certain nombre de ces Ismaëlites prit la fuite, et, dans tous les lieux qu'ils traversaient, tout chrétien était massacré. Ils s'efforçaient de détruire par les flammes les monastères et les lieux saints qui se trouvaient sur leur route. On apprit qu'ils s'approchaient rapidement du monas-

---

1. Labbe, *Bibl. libr. manusc.*, II, 599.
2. *Acta SS.*, III, oct., p. 436.
3. *Acta SS. ord. S. Benedicti*, ad. ann. 437, p. 572.

tère de l'homme de Dieu Pardoux, et, lorsque cette nouvelle fut annoncée au saint, il dit à ses frères : « Mes fils, s'ils vien-« nent aux portes du monastère, donnez-leur à boire et à man-« ger, parce qu'ils sont fatigués du chemin. » De quelle charité ne pensez-vous pas qu'il fût enflammé, celui qui voulait qu'on préparât un repas à des guerriers païens? Alors, les autres religieux du monastère, qui l'entouraient de tous côtés et qui lui prêtaient assistance, lui amenèrent une charrette disposée par eux et couverte de toile, afin de le conduire dans des lieux solitaires pour que cette horrible nation ne lui fît aucun mal. Mais l'homme de Dieu, fortifié de l'Esprit-Saint, ne voulut aucunement se rendre à leurs désirs et leur dit qu'il ne sortirait jamais de là qu'à la fin de sa vie. Alors, tous les religieux présents prirent la fuite, et l'homme de Dieu resta seul, sans crainte, avec un des moindres serviteurs, Eufrasius, qui se cacha pour être témoin de sa fin. Lorsqu'il vit de loin les ennemis approcher du monastère, il courut vers l'homme de Dieu, disant : « Mon père, ne cesse pas de prier, « car ils seront bientôt aux portes du monastère. » Alors, le saint, craignant moins de mourir que de voir détruire le monastère, ne cessait de se prosterner en priant le Seigneur. « Seigneur, écrase et dissipe cette nation belliqueuse. Ne lui « permets pas de franchir les portes de ce monastère. » Aussitôt, tous ceux qui composaient cette troupe s'étant rassemblés, comme frappés de terreur, s'arrêtèrent tout à coup parlant longtemps ensemble dans leur langage, et bientôt ils reprirent à la hâte le chemin qu'ils avaient suivi. Ainsi, l'intrépide serviteur de Dieu n'eut aucun mal[1]. »

Sans aucun doute, ce récit est légendaire. Il peut néanmoins contenir des indications historiques, concernant les ravages exercés dans le Poitou et le Limousin par les débris de l'armée d'Abdérame. Il est en outre probable, bien qu'aucun texte ne l'affirme, que le Périgord, le Quercy, l'Albigeois et le Toulousain, durent alors être aussi fort maltraités. Les Sarrasins avaient, en effet, à traverser forcément ces régions pour regagner la Septimanie.

1. Coudert de Lavillatte, *Vie de saint Pardoux*, 76-79.

Abd el Melek, successeur d'Abdérame, comme lieutenant du kalife Hescham dans la Péninsule et la Septimanie, semble avoir fait quelques tentatives pour franchir les Pyrénées vasconnes. Mais une petite troupe de chrétiens gardaient les ports et les passages. Ils harcelèrent tant et tant l'armée d'Abd el Melek, qu'elle dût battre en retraite, par eux poursuivie jusque dans la vallée de l'Èbre (734)[1].

Pour l'Aquitaine et la Vasconie cispyrénéenne, la victoire des Francs à Poitiers fut presque aussi funeste que pour les musulmans. Charles Martel se trouvait ainsi au cœur même du duché d'Eudes, avec une armée puissante et dévouée. Le chef aquitain n'avait encore pu rallier les débris de ses troupes. Il dût reconnaître Charles pour souverain de ses États, et lui prêter serment comme sujet (732)[2]. Cela fait, les Francs repassèrent la Loire. Eudes recouvra ainsi son autorité directe sur le duché d'Aquitaine et sa suprématie sur le duché de Vasconie.

A la nouvelle de la déroute des Sarrasins, « les chrétiens des provinces septentrionales de l'Espagne avaient tous repris les armes. Un auteur arabe parle même d'une expédition partie de France à travers les Pyrénées, et à la suite de laquelle les Français se seraient emparés de Pampelune et de Gironne[3]. »

§ XVI. *Mort d'Eudes, duc d'Aquitaine* (735). — Eudes mourut assurément en 735[4]. Mais aucun texte n'indique le lieu de son décès. Malgré les attaches qu'il tenta de nouer avec les Sarrasins, ce duc était vraiment chrétien. Je crois devoir fournir, à ce propos, la traduction d'un passage de la Vie de saint Pardoux.

« Le bienheureux Pardoux avait atteint ses quatre-vingts ans, au temps où le très excellent seigneur Charles (*excellen-*

---

1. Isid. Pacens., *Chron.*, ad ann., 732; Pagi, *Ann.*, ad ann., 732, n° 5; Conde, *Historia de la dominacion de los Árabes en España*, I, 26.
2. *Ann. Metens.*, ad ann., 732. ap. Bouquet, II, 684.
3. Reinaud, *Invasions des Sarrazins en France*, 52.
4. In illis diebus Eudo dux mortuus est. Fredeg. Contin., c. 15, p. 175.

tissimus dominus Carolus) commandait en France (*Francie*) et où par sa permission Hunald, homme très illustre (*vir clarissimus*), commandait en Aquitaine (*Acquitaniam regebat*). » — Pardulfe s'alita et demeura sept jours en proie à de vives souffrances. « Le dimanche arrivé, il sentit, à la défaillance de son corps, que sa mort était prochaine, et il s'endormit un peu de temps. Quand il fut réveillé, il dit à ses frères qui l'entouraient et lui donnaient des soins : « Quelle est la corne (*tubam*) « que j'ai entendue à cette heure résonnant à la porte du mo- « nastère ? » Persuadés qu'il avait perdu le sens, ceux-ci lui répondirent : « O père saint, pourquoi parles-tu ainsi ? Jamais nous ne t'avons entendu proférer des paroles dénuées de sens. » Mais le saint leur répondit : « O enfants, je ne dis rien d'in- « sensé, mais j'ai entendu résonner cette corne (*tubam*) que « l'illustre Eudes avait coutume de sonner en partant pour la « guerre (*quam prœclarus vir Eudo ad belligerandum* « *sonare consueverat*). » Ceux-ci comprirent alors que le chœur des anges allait recevoir son âme et l'introduire dans les demeures célestes[1]. »

§ XVII. *Postérité authentique d'Eudes.* — Le duc Eudes se maria au moins une fois. Impossible de savoir s'il contracta d'autres unions. Le nom de sa femme, ou de ses femmes, nous est inconnu. Par contre, nous sommes certains qu'il laissa trois fils : Hunald, duc d'Aquitaine après son père; Hatton; Ramistan; une fille appelée Lampagie, sur laquelle nous sommes déjà fixés. A cette liste, certains ajoutent Gaifier, duc d'Aquitaine après Hunald, et très généralement accepté comme son fils. Je me borne à signaler ici la question, dont l'examen est en dehors des limites assignées au présent mémoire[2].

---

1. Bolland., *Acta SS.*, t. III, p. 438, n° 19.
2. Il a existé jadis, à l'île de Ré, comprise dans le diocèse de Maillezais, et plus tard de La Rochelle, une abbaye de Sainte-Marie, sise au sud de cette île, au bord du bras de mer appelé le Pertuis-Breton, qui sépare Ré et Oléron. Le premier abbé connu de ce monastère est Jean Ier, qui vivait en 1190. Détruite au seizième siècle, cette abbaye passa, en 1625, aux Oratoriens de Paris (*Gall. christ.*, II, 1403). D'après la fausse charte

Il n'y a donc lieu de tenir aucun compte du prétendu mariage du duc Eudes avec Valtrude. Toujours d'après la charte d'Alaon, deux enfants seraient nés de cette union : Hunald et Hatton. Là-dessus, pas de difficulté ; mais le faussaire oublie Remistan et Lampagie. Certains auteurs, ajoutant à la charte, comptent en outre, dans la postérité de Eudes, Aznar, tige des comtes d'Aragon. Mais voilà encore un problème dont je dois renvoyer l'examen à un mémoire ultérieur.

§ XVIII. *De la prétendue couronne du duc Eudes*. — Les savants contemporains, en général, croient que nous possé-

d'Alaon, le couvent de Sainte-Marie-de-Ré aurait été fondé par le duc Eudes, conjointement avec sa femme Valtrude, et Eudes y aurait été enseveli. *Monasterium de Rodi insula, quod olim in honorem B. Mariæ ædificavit Ludo, Aquitaniæ dux, cum uxore sua bonæ memoriæ Valtruda, Valchigisi ducis de nostra progenie, et ubi prædictus Ludo sepultus est.*

Quelques auteurs contemporains, ajoutant à la pièce apocryphe, placent dans la même abbaye la sépulture de la prétendue femme du duc d'Aquitaine. Pourtant, nul chroniqueur de l'époque, ni même des temps postérieurs, n'atteste qu'ils furent mariés, qu'ils fondèrent le couvent de Sainte-Marie-de-Ré, et qu'ils y furent ensevelis.

Si je m'inquiète de cette fable, c'est uniquement parce que les Annales de Metz attestent qu'en 745 Hunald, fils d'Eudes, résigna ses fonctions ducales et se retira dans un couvent de l'île de Ré, dont nous ne savons pas même le nom. Les partisans de la charte d'Alaon se sont prévalus de cela pour affirmer que le couvent de Saint-Martin-de-Ré était celui que Eudes et sa prétendue femme Valtrude auraient fait bâtir. Mais, je le répète, Valtrude, en tant qu'épouse d'Eudes, n'a jamais existé que dans l'imagination du faussaire. Cette femme, affirme-t-il, était la fille du duc Valchigise, c'est-à-dire d'un Maire du Palais. L'imposteur n'a pas songé qu'alors, c'est-à-dire entre 687 et 718, pour adopter la chronologie la plus complaisante, un tel mariage eût été certainement impossible. On sait, en effet, que la charte donne Valtrude comme étant de la famille carlovingienne. Or, il est prouvé que, dès l'époque de Pépin d'Héristal, les ducs d'Aquitaine vivaient à l'égard de cette famille dans une hostilité flagrante. Ces rapports n'étaient pas devenus meilleurs après la mort de Pépin, c'est-à-dire durant l'intervalle compris entre les batailles de Vincy (717 et de Poitiers (732), et surtout vers la fin de la vie du duc Eudes. Il est d'ailleurs facile de voir que le faussaire a étayé ce prétendu mariage d'Eudes et de Valtrude, et la filiation de celle-ci, en combinant la légende de saint Amand avec celle de saint Vandregisile ou Vandrille. Celui-ci fut le fondateur de l'abbaye de Fontenelle. Né, au plus tard, durant la première année du septième siècle,

dons encore aujourd'hui la couronne d'Eudes, duc d'Aquitaine. Avant de réfuter cette erreur, étudions-en d'abord l'origine et la fortune.

En 1730, en creusant, près de la cour du couvent des capucins de Saint-Martin-de-Ré, pour y établir les fondements du mur de l'hôtel du Gouvernement, on découvrit une couronne qui sera décrite plus bas. Elle portait quelques traces de dorure.

Voici comment Montfaucon s'exprime à propos de cette découverte :

« Je reçus depuis (la publication du tome Ier des *Monumens de la monarchie françoise*,) un mémoire de M. de Beauhar-

---

il fut attaché, durant sa jeunesse, au roi Dagobert Ier (628-638), dont son frère, saint Arnulfe, devint le tuteur. (V. Baillet, *Vie des Saints*, 22 juillet.) Or, d'après la légende, saint Vandrille avait une sœur nommée Valtrude. Le faussaire s'en est emparé pour en faire la femme du duc Eudes, de même qu'il a pris le nom de Vandrille pour le donner au prétendu fondateur du monastère d'Alaon. Mais, en concédant l'impossible, en admettant, avec les auteurs de l'*Histoire générale de Languedoc* (VII, c. 74 et note LXXXIII), qu'Eudes fut déjà duc d'Aquitaine en 681, en supposant aussi que Valtrude fût âgée de vingt ans de moins que son frère saint Vandrille, il n'en resterait pas moins vrai que celle-ci aurait eu soixante et un ans en 681, et cent seize en 745, date de la mort de Eudes. Elle n'a donc jamais pu être la femme de Eudes. Cette impossibilité est d'ailleurs formellement reconnue par les historiens du Languedoc (*Hist. gén. de Languedoc*, note LXXXIII, 48). Mis par eux sur la bonne voie, Rabanis raisonne, cette fois, plus juste qu'à l'ordinaire. « Le nom de cette Waldtrude, dit-il, et l'idée de la donner pour femme à Eudes, tout cela n'est encore qu'un plagiat, dont les actes de saint Amand ont fourni la matière. Parmi les noms inséparables de la mémoire du saint évêque, les hagiographes, et surtout Hucbald, nous font connaître celui de sainte *Waldtrude*, fondatrice d'un monastère consacré, en 656, par saint Amand, et auquel la ville de Mons doit sa naissance. Sainte Waldtrude (*Wandra*) est restée la patronne du Hainaut. Et non seulement le nom de Waldtrudes se trouve dans la légende, comme celui de Rictrude, mais encore le nom d'un certain EUDES, puissant seigneur de l'époque, qui fit de vains efforts pour obtenir en mariage sainte Aldegonde, sœur de Waldtrude, et fondatrice du monastère de Maubeuge (*Melbodium*). Eudes n'ayant pu réussir auprès de sainte Aldegonde, la charte l'en a dédommagé en lui donnant sa sœur. Il est vrai que celle-ci avait eu un autre mari, saint Mauger ; mais peu importe : le nom d'*Eudes* se rencontrait là, et le mariage s'est fait. » (Rabanis, *Les Mérovingiens d'Aquitaine*, 73.)

nois, intendant de Rochefort, à l'occasion du tombeau d'Eude, duc d'Aquitaine, trouvé dans l'île de Ré, et de sa couronne, tirée du même tombeau. Ce savant Magistrat m'envoie aussi la figure de cette couronne et, dans un écrit séparé les raisons qui l'avaient porté à suivre la généalogie d'Eude comme elle est énoncée dans la charte de Charles le Chauve (charte d'Alaon); ces raisons me parurent très solides. » Et Montfaucon s'autorise ici de la doctrine des auteurs de l'*Histoire générale de Languedoc*, tirée de cette pièce apocryphe. Il finit, en citant partiellement le mémoire de l'intendant de Beauharnais, dont je copie ce qui suit : « Le tombeau qui a été découvert depuis peu en l'Isle-de-Ré, et dans lequel on a trouvé une couronne dont on donne ici le dessein (*sic*), ne peut être que le tombeau de Eudes, duc d'Aquitaine, petit-fils de Charibert, roi de Toulouse et d'Aquitaine, second fils de Clotaire II. » Ainsi, le correspondant de Montfaucon croyait, comme lui, à l'authenticité de la charte d'Alaon.

Le dessin dont il vient d'être parlé, et que Montfaucon a reproduit, nous présente un tortil formé par le rapprochement de deux lames, ou rubans métalliques en demi-cercle. Les deux points où ces lames ont été rivées se trouvent marqués chacun par une pierrerie. Au-dessus de l'un et l'autre de ces points s'élève une fleur-de-lis. Mais il existe encore deux autres de ces emblèmes : l'un à la partie antérieure de la couronne, juste au-dessus de la turquoise marquée dans le dessin, et l'autre à l'opposite. Donc, quatre fleurs-de-lis en tout, alternant avec autant d'ornements à peu près semblables à des triangles ou coins, dont le bas reposerait sur le tortil et dont la tranche serait en l'air [1].

Le *Journal de Verdun* de 1736 reproduit en plusieurs parties le dire de Montfaucon. Il signale notamment quatre fleurs-de-lis alternant avec des triangles ou coins renversés. Mais le tortil aurait été orné de huit pierreries.

---

1. Montfaucon, *Les Monumens de la monarchie françoise*, IV, pp. xvi-xxi de la *Préface*.
2. *Journal de Verdun*, t. XXXIV, pp. 170-171.

Enfin, voici comment s'exprime le P. Arcère, annaliste de La Rochelle et du Pays d'Aunis :

« Il y a eu dans cette Isle (de Ré) deux fameux monastères. Le premier fut fondé par Eudes, duc d'Aquitaine. En creusant les fondemens d'un nouveau corps-de-logis pour le gouverneur de l'Isle de Ré, on découvrit en 1730 (sans doute dans l'emplacement de ce monastère) une couronne de cuivre qui fut envoyée à M. d'Angevilliers, Ministre et Secrétaire de la guerre. Une partie du crâne était fortement attachée à cette couronne ; l'on y remarquait en quelques endroits les restes d'une assez belle dorure, et des pierres que l'humidité de la terre avoit rendues ternes. Les fleurons représentoient des espèces de fleurs-de-lys, au nombre de quatre, et autant de triangles renversés, dont les lignes étoient un peu courbes. Les pierres enchassées dans le fleuron décoroient le cercle ; la principale étoit une turquoise qui posoit sur le front. Les autres n'étoient que des cristaux[1]. »

Il résulte de renseignements complémentaires, fournis par divers auteurs, et par moi contrôlés à Saint-Martin-de-Ré, sous la conduite du vénérable Docteur Kemmerer, que le lieu où fut trouvée la couronne, en creusant les fondations de l'hôtel du gouvernement, se trouvait près de la cour d'un couvent de capucins[2].

La découverte de ce bijou est donc un fait incontestable. On prétend qu'il existe encore. Comme tel, il aurait figuré au Musée des Souverains, fondé par Napoléon III, le 15 février 1852[3]. Après la suppression de ce dépôt (décret du 8 mai 1872), la couronne aurait été rétablie au Cabinet des Antiques de la Bibliothèque nationale, où son retour est constaté à la date du 29 juin 1872, et où on la conserve sous le n° F 1939. Il est vrai que le catalogue imprimé du Musée des Souverains,

---

1. Arcère, *Hist. de la ville de La Rochelle et du Pays d'Aulnis*, 1, 59.
2. Kemmerer, *Hist. de l'Ile de Ré*, 1, 483-486.
3. Massion, *Histoire de la Saintonge et de l'Aunis*, 1, 484-486 et 334-335 ; Kemmerer, *Histoire de l'Ile de Ré*, 1, 483-486 ; Delayant, *Histoire de la Charente-Inférieure*, 54 ; Id., *Histoire des Rochelais*, 1, 40.

dressé par M. Barbet de Jouy [1], ne fait aucune mention de ce bijou. On va voir bientôt pourquoi. Mais il n'en est pas moins vrai qu'une couronne attribuée au duc Eudes a existé dans ce dépôt. Elle a été décrite, comme telle, par par Charton [2] et par M. Adalbert de Beaumont [3]. Or, le prudent conservateur du Musée ne pouvait signaler ce bijou grossier, dans son inventaire imprimé, sans faire tort à sa réputation de savant. Ainsi s'explique déjà cette omission significative.

Je dois néanmoins faire observer que Charton désigne ce bijou grossier comme ayant été la « couronne d'Eudes, duc d'Aquitaine ». Pour M. de Beaumont, c'est la « couronne de Hunald ». Mais, de récents annalistes de l'Aunis et Saintonge [4] la considèrent comme ayant appartenu à Eudes.

Telle est aujourd'hui l'opinion accréditée. Je m'inscris en faux contre cette supercherie. Voici mes raisons.

Et d'abord, j'ai répondu d'avance, dans le § XVII, à ceux qui prétendent corroborer l'attribution de la découverte de la couronne, en 1730, au duc Eudes de ces deux prétendus faits, que ce duc aurait fait bâtir un couvent dans l'île de Ré, et qu'il y aurait été inhumé avec sa femme Valtrude. Mais, disent certains auteurs, Eudes était de race mérovingienne. Et comme la couronne découverte en 1730 était ornée de quatre fleurs-de-lis, alternant avec autant de coins ou triangles renversés, le bijou dont s'agit ne peut avoir appartenu qu'au duc d'Aquitaine.

A cela, je réponds d'abord que l'origine véritable d'Eudes est inconnue. Il ne se rattache uniquement à la lignée des rois mérovingiens que par la charte apocryphe d'Alaon. Quant à

---

[1]. Barbet de Jouy, *Notice des Antiquités, objets du Moyen-Age, de la Renaissance et des temps modernes concernant le Musée des Souverains.* Paris, 1868, in-8°.

[2]. Charton, *Histoire de France*, I, 153.

[3]. Adalbert de Beaumont, *Recherches sur l'origine du blason, et en particulier de la fleur-de-lis,* planche XIV, n° 21. Le texte explicatif est à la page 135.

[4]. Massiou, *Histoire politique, civile et religieuse de la Saintonge*, I, 134; Kemmerer, *Histoire de l'Ile-de-Ré*, I, 183; Delayant, *Histoire de la Charente-Inférieure*, 51.

l'argument tiré des quatre fleurs-de-lis de la couronne, il fera sourire tous les véritables archéologues. Nous savons, en effet, que la fleur-de-lis se rencontre dans les monuments égyptiens, étrusques, arabes, persans, assyriens, byzantins, aussi bien que dans ceux de l'époque mérovingienne et des temps postérieurs. Mais, ce ne fut qu'au temps des premières croisades, que les rois capétiens mirent cet ornement sur leur blason. Louis IX fixa l'usage des fleurs-de-lis pour tous les princes de sang royal, avec les différentes brisures.

Ces princes ne portaient auparavant que les armes de leur apanage[1].

Il n'en faut pas davantage pour faire justice de l'erreur qui attribue au duc Eudes la couronne découverte en 1730. Mais ce bijou est-il bien le même que celui qui se trouve actuellement au Cabinet des Antiques? Pour prouver le contraire, il suffit de rapprocher les descriptions déjà données du premier, de celle que je vais fournir du second.

Le tortil de celui-ci est formé par un simple et unique ruban de cuivre, dont les extrémités sont réunies par deux rivets, visibles extérieurement et intérieurement. Ce ruban a une largeur de $0^m03,7$, et un millimètre d'épaisseur. Le plus grand diamètre de l'ovale formé par ledit ruban a 0^m19, et le moindre 0^m17, mesures prises à l'intérieur. Il est hors de doute que jadis le ruban formant tortil supportait huit fleurs-de-lis de $0^m08,7$ de hauteur, si on en juge par les trois qui sont encore à l'état complet comme ossature. Elles se rattachent intérieurement au bas du tortil par deux rivets, visibles à l'intérieur et à l'extérieur. Sur deux de ces ornements, on voit, à l'embranchement des trois parties de la fleur, un reste de vitrification. De quatre autres fleurs-de-lis, il ne reste que des portions d'importance inégale. La huitième a disparu, sauf la tige inférieure. A l'extérieur de la couronne, prise dans le sens du plus grand axe du tortil, se trouve une espèce de chaton dont la pierrerie est absente. A l'opposite, il semble

---

[1]. Adalbert de Beaumont, *Recherches sur l'origine du blason, et en particulier de la fleur-de-lis*, passim.

bien qu'un autre ornement analogue a existé, et peut-être aussi sur un autre point.

Telle est la couronne conservée au Cabinet des Antiques, où j'ai pu l'étudier à loisir, en compagnie de M. Ernest Demay (*vir optime oculatus*), grâce à l'obligeance de l'un des conservateurs, M. Babelon. Elle est absolument distincte, comme on voit, de celle qui fut découverte en 1730, dans l'île de Ré.

Impossible de savoir ce qu'est devenue celle-ci. Mais d'où provient la dernière que je viens de décrire? A cette question, nul ne peut répondre exactement. D'après les renseignements que j'ai recueillis, il est néanmoins fort probable qu'elle dût être confisquée, avec d'autres objets servant à l'exercice du culte, dans une des églises de Paris, au temps de la Révolution. Tout porte à croire qu'aux jours de grandes fêtes, elle ornait le chef de la statue de quelque saint. Le fait est que sa fabrication est des plus grossières, et qu'elle ne remonte qu'à une époque relativement récente, le quinzième siècle, ou le quatorzième tout au plus. Voilà certainement pourquoi cet objet ne trouva pas d'acheteur à la Révolution, et pourquoi il échoua finalement au Cabinet des Antiques, où aucun inventaire ne constate d'ailleurs son entrée. C'est là qu'on est allé le prendre, pour complaire à Napoléon III, en le donnant comme la couronne d'Eudes ou de Hunald. C'est là qu'on l'a rétabli en 1872. Les conservateurs actuels du Cabinet des Antiques ne se font, du reste, aucune illusion à ce sujet.

146

www.ingramcontent.com/pod-product-compliance
Lightning Source LLC
LaVergne TN
LVHW022115080426
835511LV00007B/823